Gardel...
es un soplo la vida

MARILY CONTRERAS

Gardel...
es un soplo la vida

Biografía íntima de Carlos Gardel

libros del
Zorzal

Contreras, Marily
Gardel...es un soplo la vida
1ª ed.- Buenos Aires: Libros del Zorzal, 2005
160 p.; 21x15 cm. - (Entretiempo)

ISBN 987-1081-62-6

1. Carlos Gardel-Biografía I. Título.
CDD 927

EDICIÓN
IXGAL

REVISIÓN
LUCAS BIDON-CHANAL

ILUSTRACIÓN DE TAPA
MAURO PARODI

DISEÑO
VERÓNICA FEINMANN

ISBN 987-1081-62-6
Libros del Zorzal
Printed in Argentina
Hecho el depósito que previene la ley 11.723

Para sugerencias o comentarios acerca del contenido
de *Gardel... es un soplo la vida*, escríbanos a: info@delzorzal.com.ar

www.delzorzal.com.ar

A mi padre, que me enseñó a amar al tango
y a Carlitos Gardel

Agradecimientos

A Carlos Orgambide, que me acercó material, anécdotas y comentarios de Carlos Gardel.

A Ricardo Ostuni, que con sus conocimientos del tango y de Gardel me brindó elementos para pensarlo mejor. Además, gracias por las palabras de la contratapa.

A Jorge Parral, psicoanalista, que me ayudó a entender la psicología de nuestro cantor.

A Rodolfo, mi marido, que leyó los borradores y me señaló errores y conceptos poco claros.

A mis hijos, nueras y nietos, que soportaron mis largas horas frente a la computadora.

A mis amigos, que escucharon mis relatos, mis dudas, mis descubrimientos gardelianos y me alentaron a que siguiera escribiendo.

Índice

Palabras Preliminares

Gardel es un mito, es decir, algo más que un ídolo. No tiene anécdotas, tiene leyendas pobladas de misterio y fantasía, resonancias y exageraciones. Gardel nace a la vida pública en el año 1912, cuando firma un contrato con Tagini para grabar sus canciones. Los años anteriores quedan en el terreno de la ficción, de la conjetura. Existen muy pocos documentos que den cuenta de sus andanzas y correrías anteriores a esa fecha. De 1904 a 1907, hay un oscuro período. Algunos autores dicen que anduvo por Montevideo todos esos años; otros, en cambio, afirman que su escapada al Uruguay duró algunos meses. De cualquier forma, es lícito presumir que nuestro Zorzal debe de haber gastado sus noches en bares, boliches y burdeles tratando de cantar.

Este ensayo trata de relatar la historia de Gardel –¿la verdadera?–, metiéndose en su intimidad de muchacho porteño, jovial y expansivo. El público siempre lo vio sonriendo, pero en el fondo existía una naturaleza retraída y en algunos momentos contemplativa, como si llevara dentro de sí una honda tristeza, oscura, como una cortada de arrabal.

El pueblo, identificado con el mito, quiere creer lo que algunos investigadores llaman "la historia oficial"[1], la del niño de Toulouse que ingresa al país en 1893. No acepta la biografía uruguaya, quizá porque la misma –que en algunos puntos bordea los límites de la fábula– pone a Berta, "la madre abnegada", en el lugar de la mentira. Es muy posible que el mismo Gardel ignorara su filiación. Y me pregunto: ¿qué historia le contó su madre? ¿Cuál fue el relato que recibió en la niñez y que conformó su identidad, respecto de su lugar de origen y del nombre del padre? Probablemente sea la historia que Berta contaba a los otros: viuda, francesa, emigrada de Toulouse cuando su hijo contaba dos años de edad. Es posible que los problemas de conducta que Carlos tuvo en su infancia y en su adolescen-

---

[1] Ostuni, Ricardo, *Repatriación de Gardel*, Buenos Aires, Ediciones Club de Tango, 1995.

cia tengan que ver con sus dudas frente a su identidad, a su filiación, aumentadas por las privaciones afectivas y económicas por las que tuvo que atravesar junto a su madre. Nunca pudo hablar con claridad de su historia, ni siquiera con sus amigos más íntimos. Presumo que no tenía demasiada certeza sobre ella, ya que contestaba ambigüedades a los medios periodísticos: "Soy rioplatense"... "mi país es el tango"... y cuando no tenía otra posibilidad que la respuesta directa, hacía referencia a los datos de su documentación. Esta actitud oficiaba como barrera entre él y los demás.

"Gardel supo situarse en ese punto donde todo lo real parece un sueño y la leyenda se confunde con la historia." [2]

Lo cierto es que siempre se sintió criollo y que para él Buenos Aires fue *su tierra querida*. El 24 de junio de 2005 se cumplen 70 años de la muerte del cantor. Él sólo vivió "cuarenta y tantos" intensos años.

Es un soplo la vida...

Marily Contreras
Buenos Aires, enero de 2005

---

[2] *Op. cit.*

1
La Cruz del Sur fue como un sino...

*Acaricia mi ensueño
el suave murmullo de tu suspirar
como ríe la vida
si tus ojos negros me quieren mirar
Y si es mío el amparo
de tu risa leve que es como un cantar
ella aquieta mi herida, todo, todo se olvida...*

Gardel-Le Pera, *El día que me quieras*, 1935

El avión está a punto de despegar del aeropuerto *Techo* de Bogotá. Gardel y su grupo miran sonrientes al fotógrafo. Están listos para subir. Carlos sonríe y agita el sombrero. Repite su escena clásica, un gesto que queda en los ojos y en la memoria de todos.

Ese día, el 24 de junio de 1935, la temperatura en Colombia es sofocante. Gruesas gotas de sudor corren por su rostro, las seca con su pañuelo.

Gardel está muy emocionado. Todavía resuena en sus oídos el coro de aquellos niños que entonaron sus canciones con una pureza admirable. Es por eso que le envia una carta de agradecimiento a la pianista Elisa Arreciarte felicitándola por su labor. "Bien premiado está mi viaje a Bogotá."[1]

Carlos Gardel, junto a Alfredo Le Pera, a sus guitarristas Guillermo Barbieri, Ángel Riverol y José María Aguilar, a su asistente personal José Carpas Moreno y a un español, residente en Nueva York, José Plaja –contratado para hacerle practicar el idioma inglés– son pasajeros del vuelo Bogotá-Calí. Anoche, Carlos hizo su última presentación en el Odeón de esa ciudad.

---

[1] Wittner, Pablo, "Biografía de Carlos Gardel", en Revista *La Maga*, N° 11 (Número especial dedicado a Gardel).

El piloto Ernesto Samper Mendoza pone en marcha los motores. Cuando el avión está por decolar, Carlos mira a sus compañeros y lanza una de sus bromas:

–¡Qué "fierrito"! ¡Qué risas de conejo! ¿Están fruncidos, no?

Una vez en vuelo, reclina el asiento y cierra los ojos. Revisa el bolsillo de su saco para cerciorarse de que tiene el pasaporte extendido por el consulado argentino en Niza, el 13 de diciembre de 1932; ahí dice que es uruguayo, pero es un dato falso: ya dejó escrito en su testamento ológrafo –por sugerencia de Armando Defino, que le lleva todos sus papeles y le ordena sus finanzas– que ha nacido en Toulouse y que es hijo de Berta Gardes. "No vaya a ser que me pase algo de tanto ir de un lado a otro, y la viejita se quede en la vía." Está contento con su suerte, ahora sí que le ríe la vida. Los sueños y ensueños acariciados en la adolescencia se han concretado. Ha pasado momentos buenos y malos, ahora se ha dado cuenta de que para un artista nada vale lo que realmente es; "son los otros los que te hacen y te deshacen". Ha llegado el momento de ordenar su vida, su futuro, su plata... y vivir tranquilo con su viejita y sus verdaderos amigos.

Los años de la infancia, pasaron, pasaron...

Es un pibe simpático y entrador al que le dicen "el francesito".

–Mamá, no me gusta que me digan "francesito".

–*Mais oui, mon petit.* Ser francés es un orgullo, Francia es un gran país.

–Yo quiero ser como los otros chicos.

–Los otros chicos tienen padres que son españoles, italianos, árabes... hay de todo. Vos naciste en Francia, pero sos más argentino que francés...

Si bien con su madre habla en castellano, Carlos tiene una leve tonada francesa de tanto escuchar a Berta y a sus amigos de la colectividad, pero poco a poco la va perdiendo.

Ella lo consuela contándole su historia, mientras evoca recuerdos.

–Naciste en el Hospital Municipal San José de la Grave, en Toulouse, Francia, el 11 de diciembre de 1890, a las dos de la madrugada...

Lo atestigua Jenny Bazin, partera de dicho Hospital, en presencia de Juan Mandret y Dominga Dulon, empleados del hospital.

Desde el principio, la noche iba a ser el mejor momento del día para él.

Esa mañana en la capilla del hospital, el sacerdote Bertrand bautiza al recién nacido: Charles Romuald Gardes. El testigo: Mario Arnold; la madrina: Odalie Ducasse; la madre: Marie Berthe Gardes, nacida en Toulouse el 17 de junio 1865, domicilada en Canon D'Arcole 4; el padre: desconocido. Pero en Toulouse, esa ciudad sureña de Francia, rincón del Languedoc, recostada sobre las orillas de río Garonne, cercana a los Pirineos, todos saben que el padre del niño es Paul Laserre.[2]

La familia Gardes tiene un pequeño negocio de sombreros –venta, confección y arreglos–, en la zona de la *ville* llamada *Ciudad Rosa*, debido a sus edificios de ladrillos de esa tonalidad. "Una ciudad rosada tan antigua como el tiempo", dijo un anónimo poeta.

Ville rose à l'aube,
ville rouge au soleil cru,
ville mauve au crépuscule.

"Rosada al alba, roja al mediodía, malva en el crepúsculo" cantan los niños en sus rondas.

En el negocio trabajan el padre, Jean Vital; la madre, Helène Cinegonde Camares; Anne y Berthe, las dos hijas mayores. La más pequeña, Charlotte, aún concurre a la escuela. Tienen, además, dos hijos varones: Vital y Jean. Ella, Berthe, es la penúltima. Sus padres son gente modesta, arraigada al terruño. No conocen más que los esparcimientos normales de un pueblo de provincia. Su misión es el trabajo, y las fiestas se desarrollan en el seno familiar con ciertas restricciones, pues las guerras que ha sufrido Francia han empobrecido a la familia, que debe medir y racionar las necesidades y los placeres.

Berthe Gardes tiene veinticuatro años y en ese invierno de 1890 se ha enredado en un amor inoportuno con Paul Laserre, un viajante vinculado a una actividad afín a la confección de sombreros. La zona de ventas asignada a Laserre comprende Toulouse y una parte del sur de España. Es un joven seductor y divertido, habla el español medianamente bien y hace música con su acordeón, acompañándose con una voz de buen timbre.

Es la herencia que le pasó al hijo.

Al poco tiempo de comenzada la relación, Berthe queda embarazada, pero Paul está casado. No pudo, no quiso o no se animó a

---

[2] Fernández, Augusto, *Carlos Gardel para todos*, Buenos Aires, Ediciones Porteñas, 1966, p.9. Información confidencial proporcionada por un allegado de Armando Defino, quien –fuera de toda duda– conocía la identidad del padre del cantor. Carlos Gardel supo esto por su madre y lo comunicó a unos pocos amigos íntimos.

reconocer a Charles. Berthe afronta sola su embarazo y el nacimiento del pequeño. Pasa esos nueve meses encerrada, trabajando
en la parte de atrás de la sombrerería de sus padres, y cuando llegan los dolores de parto, respirando hondo y aguantando el sufrimiento, llama a su amiga Odalie y se va con ella al hospital. La familia no la apoya.... Se muda a otra vivienda, al 20 de la Rue Saint
Hilare, y allí sola con su niño, se gana la vida como lavandera y
planchadora. Su pasar económico no es el mejor. Berthe está muy
desesperanzada. Es una época de costumbres inflexibles, de incom-
prensión. Los reproches familiares y los prejuicios sociales la empujan a pensar la posibilidad de poner distancia entre Toulouse, su
familia y su vida.[3] El hijo ilegítimo constituye un estigma social en
la Francia de las provincias.

–Debo partir, Paul, ésta no es vida para mí, ni para mi hijo.
–Yo te ayudaré. Tengo un poco de dinero ahorrado.

Su amiga Odalie Ducasse, viuda de Capot y madrina de Charles, la entusiasma.

–¡Vamos, Berthe! ¡Salgamos de aquí! Este lugar nos asfixia, nos
ahoga. ¿Qué futuro tenemos? ¿Y que futuro tienen nuestro hijos?

Ella también sueña con alejarse de Toulouse. Su marido había
sido comunero.

"Parece que cada corazón que late por la libertad sólo tiene derecho al plomo", había dicho Capot, que respondía a las ideas políticas de la Comuna de París. Había sido perseguido, encarcelado y
luego había muerto. Ella pasó a ser "la viuda del comunero". Todos
la miraban mal, también a su hijo Esteban, de 10 años.

A Berthe le cuesta decidirse. Está llena de dudas y temores. Finalmente, asiente.

–Está bien. Nos vamos.

Desde ese momento los días pasan como un torbellino...

Paul Laserre colabora con el dinero prometido para que Berthe
y el niño puedan viajar. La familia Gardes experimenta cierto alivio;
"mejor que se vayan lejos...", piensa el padre..., "no me gusta que
estén en boca de todos". En una vieja maleta, Berthe pone sus pocas
pertenencias y las de su hijo.

Los destinos pensados son Nueva York o Buenos Aires (las ciudades que cuentan con mayor cantidad de inmigrantes franceses). Eligen

3 Collier, Simón, *Biografía de Carlos Gardel*, Buenos Aires, Editorial Sudamericana, 1986,
   pp. 17-20.

Argentina, un país próspero que da la bienvenida a los extranjeros. Además, en Buenos Aires vive Anaïs Beaux –una mujer nacida en Toulouse y casada con un argentino de ascendencia española, Francisco Muñiz–, que acepta recibir a Berthe, instalarla en la ciudad y proporcionarle trabajo en su taller de planchado.

Debe tomar el buque en Burdeos. Acompañada por su fiel amiga Odalie y su hijo Ernesto, atraviesa campos verdes, caminos angostos, pequeños pueblitos. Berthe se va despidiendo en silencio de su país natal, mientras los cascos de los caballos y el chirrido de las ruedas de la diligencia parecen anunciarle una vida mejor. Llegan al puerto, donde una multitud espera entre baúles, canastos y atados de ropa.

A la salida del sol el barco portugués *Dom Pedro* levanta sus anclas ruidosas y zarpa del puerto de Burdeos. Berthe contempla cómo la ciudad se va esfumando y sus torres y cúpulas se convierten en minúsculos parches frente al cielo. Estrecha al pequeño Charles contra su pecho. Viaja con 143 pasajeros más, alojados en la 3ra. clase, apiñados entre el equipaje. Es una larga travesía en la cual pasan hambre y náuseas... se vuelve interminable. Muchos de los que viajan provienen de diferentes países y hablan otras lenguas, que en los oídos de Berthe resuenan como insultos o blasfemias; algunas mujeres jóvenes polacas ofrecen su cuerpo por un par de monedas. ¡Está tan asustada! Odalie la abraza y le da ánimos.

El buque entra al puerto de Buenos Aires rompiendo el aire con sus roncos pitazos, pero no hay tal "puerto", los buques que llegan fondean río afuera, según el caudal que traiga. Los pasajeros trasbordan a lanchones y con mil inconvenientes llegan al muelle de maderos. Berthe y Odalie descienden en el Dique 1, y comienzan a caminar trabajosamente por los duros tablones del Muelle de Pasajeros, el sábado 11 de marzo de 1893.[4]

Así Berthe llega a Buenos Aires, con una valija atada por una correa, apretando contra el pecho la carga de su hijito y con la mente llena de sueños. "¡Aquí sí seré una mujer como Dios manda!", repite varias veces a su amiga Odalie. Se abrazan emocionadas y en ese abrazo entran Charles y Esteban, los hijos.

Con los ojos brillantes y una insólita excitación, aquella joven de veintisiete años siente que en su vida todos los horizontes comienzan a

---

4 Macaggi, José Luis, *Testimonios de Carlos Zinelli. Carlos Gardel : el resplandor y la sombra*, Buenos Aires, Ediciones Corregidor, 1987, pp. 130-131.

abrirse como un abanico luminoso en esas tierras que generosamente la reciben. Atrás queda la vida mezquina y la maledicencia de la gente de Toulouse, sus tardes aburridas y esa tristeza adherida a su piel por la ausencia de oportunidades para ella y para Charles. Siempre caminando junto a los demás, se va acercando a la oficina de inmigración, halagada por la brisa y el manso oleaje del gran río argentino.

"Número de orden 121":

Berthe Gardes, francesa, viuda, 27 años, planchadora, católica, pasaporte Número 94.

Asombra a todos porque sabe firmar.

"Número de orden 122":

Charles Gardes, francés, 2 años.[5]

Sobre un baúl, un niño mira la bandera argentina. "El pabellón nacional" recita, pedagógico, uno de los escribientes.

Los hombres están de pie, las mujeres sentadas en largos bancos de madera esperando su turno. Las valijas y los cestos llenan la oficina.

Anais Beaux y su esposo los esperan en el puerto y los instalan en una pensión de la calle Uruguay, entre Cangallo y Cuyo: Uruguay 163 [6]. Se ubican en una pequeña "pieza" en el primer piso del inquilinato. Éste tiene en la planta baja, tras un portón de hierro, un gran patio de baldosas azules y grises al cual dan las puertas de los cuartos y una escalera de cemento que lleva al primer piso y a la terraza[7]. En aquel patio con habitaciones, escalera y galería alta que

---

[5] Morena, Miguel Ángel, *Historia Artística de Carlos Gardel*, Buenos Aires, Ediciones Corregidor, 1985, p. 14.
Estos datos están registrados en la Dirección Nacional de Migraciones.

[6] Collier, Simón, *Op. cit.*, p. 20.
Construida alrededor de 1867 y llamada en una época "La mansión de La Piedad", llegó a tener más de 30 inquilinos. Originalmente pertenecía a una familia española de mucho dinero que la hizo construir con excelentes materiales traídos de Europa. Estaba regenteada por una gallega que ofrecía opíparas comidas a sus clientes, generalmente gente vinculada al espectáculo. Esto nos lo cuenta Lidio Cisneros López un gastronómico jubilado que vivió en esa casona. También vivieron allí artistas de renombre como Elsa O'Connor, Luis Sandrini, que decía: "Eran lindos tiempos. No teníamos plata pero nos sobraban esperanzas. Saber que Carlitos Gardel había vivido entre esas paredes nos ayudaba mucho. Era un modelo". También estuvieron Pierina Dealessi y Tita Merello. Esta última contaba: "No era lindo. En invierno nos moríamos de frío y en verano nos asábamos. Pero tenía no sé qué misterio, qué magia, qué imán. A veces uno podía mudarse a un lugar mejor, pero se quedaba en el inquilinato"

[7] Revista *Gente y la actualidad,* Número dedicado a Carlos Gardel, Buenos Aires, junio de 1977, pp. 14-15.

balconea sobre la ropa tendida, se juntan los tachos con sobras de comida, cajones de soda y de cerveza y en un costado está el viejo piletón, el lugar de trabajo de Berthe, como lavandera. Todos los inquilinos –muy numerosos, por cierto– son desinhibidos a la hora de ventilar sus trapitos al sol; a toda hora se escuchan gritos, maldiciones, amenazas. Berthe, callada y trabajadora, no se involucra. También en el conventillo se baila y se canta seguido en una especie de fiesta continua. La casa es punto de reunión de artistas, periodistas y escritores, todos ellos muy pobres, que se juntan a comer, recitar, cantar y bailar. El pequeño Charles corretea curioseando por todas las habitaciones. Juega con una niña de 12 años que se llama Pierina Dealesi. Con el tiempo llegará a ser una gran actriz.[8]

En la pensión, y particularmente en ese barrio, se alojan actores de teatro y personajes vinculados a la actividad del espectáculo. Enfrente vive Pablo Podestá, el gran actor –el recio intérprete de los atormentados personajes de Florencio Sánchez–, que se convierte en uno de los mejores clientes de Berthe[9]. En esta época los hombres usan las camisas almidonadas y es necesario contratar los servicios de una buena planchadora para lucir impecables. Tanto los hombres como las mujeres de Buenos Aires prestan mucha atención a la vestimenta.

Aquella ciudad no es un lugar cualquiera, poco a poco se está convirtiendo en una ciudad refinada. Ha salido de la crisis del 90 con renovados bríos y sin perder el ánimo de transformación. Persisten las casas de planta baja y dos patios y las de un solo piso alto con azotea de torneados balaustres, pero ya se inicia el furor de la edificación con una populosa población de inmigrantes que trabajan de ladrilleros, acarreadores, albañiles, marmolistas, yeseros, carpinteros, vidrieros, y muchos otros operarios dedicados a estas faenas. Sus gobernantes aspiran a que Buenos Aires se convierta en la París de América del Sur. En la noche porteña del noventa y tantos, la luz eléctrica va desplazando formalmente de las calles principales al gas y a los faroleros. El tranvía ruidoso de hierro, tirado por caballos con su mayoral que toca la corneta en cada esquina, recorre las arterias céntricas. La calle Corrientes da cita en sus dos teatros líricos (el Ópera y el Politeama) a las damas que ciñen sus cinturas en corsés con varillas de acero casi hasta el estallido. Ahí cantan los grandes divos italianos.[10]

---

[8] Revista *Gente y la actualidad*, *Op. cit.*, p. 16.
[9] Macaggi, José Luis, *Op. cit.*, p. 131.
[10] García Jiménez, Francisco, *Carlos Gardel y su época*, Buenos Aires, Ediciones Corregidor, 1976, pp. 19-22.

Charles ahora es Carlos, y Berthe es Berta, doña Berta, en cortés estilo hispánico. Ella es una persona sensata, industriosa, sencilla, una madre devota que durante sus ausencias laborales –el taller de planchado de la señora Beaux está a cinco cuadras, en Montevideo 463– deja a su hijo al cuidado de una señora amiga, Rosa Franchini, que a su vez es madre de varias criaturas. Carlitos la llama "mamá Rosa".[11]

Carlos, desde pequeño, tiene una marcada predisposición por la música. Tiene sólo cuatro años y se siente atraído por el sonido de una orquesta que marcha por la calle y cautivado se suma a la gente y se pierde. Un policía lo trae de vuelta a su casa. A los siete años se sienta en la puerta de la pensión y se pone a cantar, enseguida está rodeado de gente y muchas familias lo invitan a pasar el día. Berta va por el barrio, casa por casa, buscando a Carlitos, al que trae de un brazo, reprendiéndolo. Lo pone en penitencia y lo reta en francés. En su cuarto, tirado en la cama, apretado por sillas de respaldo alto, confinado contra la pared, mira los cuadros de los abuelos, personajes serios que lo espían desde los retratos. La noche se espesa, se oye como un seseo de chicharras. Ya todos duermen en la pensión. Carlos se cubre la cabeza con la frazada y permanece como en el interior de un túnel. Lo vence el sueño… pero está angustiado. De pronto, siente la presencia de su madre que lo acaricia y lo besa… ¡hijito mío! Se destapa para respirar, cede la angustia, se llenan de aire sus pulmones y se duerme en sus brazos.

Carlos ya tiene ocho años y es un pibe simpático y entrador. Berta trabaja en el taller y luego en su casa. Se queda lavando y planchando la ropa de sus clientes particulares –generalmente toda gente de teatro– hasta altas horas de la noche. Carlos colabora con su madre y le hace el reparto de las camisas, y por ese trabajo le dan algunas monedas de propina que él agradece con su sonrisa seductora.

Está cursando sus primeros grados en la escuela conocida como Superior de Niñas Nº 11 (actualmente, Nicolás Avellaneda), ubicada en Viamonte y Talcahuano. La directora es Juana Cassinelli y la maestra, Carmen Alegre. En aplicación merece 9 puntos y en conducta uno. En su grado hay 50 niñas y sólo 12 varones. Carlos es un niño díscolo, travieso y vivaz, le gusta gastar bromas a los otros, y es dado a hacer "payasadas". El trabajo de Berta no le permite contro-

---

[11] Silva, Federico, *Informe sobre Gardel*, Montevideo, Editorial Alfa, 1971, p. 32.

larlo como ella quisiera, y el mundo que lo atrae y lo fascina está en la calle. Carlos se hace la rabona y "callejea" desde temprana edad.[12]

"Esto no puede seguir así", se dice Berta. Para ella lo más importante es la educación de su hijo, en él tiene cifradas grandes esperanzas, y entonces decide realizar un enorme esfuerzo económico y lo inscribe en un colegio privado. Pablo Podestá se siente atraído por ese pibe simpático que le lleva las camisas, y le ofrece colaboración a Berta para pagarle los estudios. Así el francesito, que ya tiene 11 años, es anotado pupilo, en condición de niño artesano (curso de encuadernación) en el Colegio San Carlos de los sacerdotes salesianos (Pío XI), de Yapeyú y Don Bosco. Ceferino Namuncurá es alumno del mismo colegio. Después del San Carlos, pasa a otro establecimiento privado: el San Estanislao, que funciona en Tucumán 2646. Allí cursa el quinto grado.[13]

Como es uno de los más pequeños del grupo, lo hacen parar en la primera fila, frente a la puerta que da al patio. Canta en el coro. Al impulso de su voz, el patio de la escuela se llena con su tonada... ¡muy bien!... ¡muy bien!... dice el maestro de música, el padre José Spadavecchia...[14], y allí, cantando, Carlos se olvida de todo, de la pobreza, de las paredes agrietadas de la pensión, de su madre planchando sudorosa y agotada, de la ropa y los zapatos que se gastan tan rápido... por eso le gusta tanto cantar... porque se olvida de las cosas que lo hacen sufrir.

Carlos continúa siendo el pibe travieso; Berta, ya definitivamente doña Berta, denuncia fugas de su hijo. En noviembre de 1904 lo encuentran en Florencio Varela, un lugar famoso por sus *peringundines* y casas de tolerancia. En otra oportunidad, a partir de un pedido de paradero por parte de su madre, después de unos días de ausencia, es hallado en el hipódromo de La Plata, donde ha disfrutado de una buena tarde mirando carreras –pasión que lo va a acompañar toda su vida–. Otra vuelta, cae en *cana* por una de esas travesuras que después adquieren categoría de delitos.

El comisario le clava los ojos adustos y le dice:

–¿Así que vos ya andás en cosas sucias, bandido?

---

[12] Macaggi, José Luis, *Op. cit.*, pp. 131-132.
[13] Macaggi, José Luis, *Op. cit.*, p. 134.
[14] Cámpora, Duilio José, "El primer maestro de canto", en *Todo es historia*, N° 431, Buenos Aires, 2003, p. 74.

Y como Carlitos se queda mudo, muy serio y asustado, palpi-
tando un encierro, el comisario sigue interpelándolo:
–Bueno, ¡hablá, hombre!... ¡decí algo...!
Entonces la viveza del pibe salta como resorte.
–¡Y qué le voy a decir, mi comisario...! Pero si me deja cantar,
le canto.
Y se pone cantar. Y canta hasta que la comisaría se llena de
gente, que después le llena la gorra con *chirolas*[15]. Así es Carlitos, des-
pierto, rápido, pronto para el *retruque* o para *irse a baraja* llevándose *un
tanto del envite*.
Años más tarde, en 1933, el Comisario Inspector, ya retirado,
Francisco Romay, que cuando joven estuvo destinado en la comisaría de Abasto, fue a saludarlo a su camarín. Cuando alguien iba a
presentarlos, Gardel exclamó: "pero si el 'comi' me conoce de mis
tiempos del Abasto".[16]
Carlos tiene 14 años, ha finalizado su ciclo primario en el San Estanislao con 10 puntos en todas las asignaturas, pero con aplazo en
conducta. El certificado es extendido por el director Manuel Balcaise.
Se mudan a otra pensión, en la calle Corrientes 1553. Berta sigue
sosteniendo la historia de su viudez, ella cuenta que el padre de Carlos ha muerto un poco antes de su viaje por el Atlántico. Una vez llegada la adolescencia de Carlitos su madre le dice la verdad. "No me
interesa", dice Carlos, pero casi todos los deseos posteriores de su
vida estarían motivados por la necesidad profundamente arraigada
del amor y la aprobación de un padre desconocido para él y de una
madre sufriente y trabajadora que lo crió y lo amó con devoción.
En su afán adolescente de independencia –un profundo rasgo de
su carácter–, Carlos, inquisitivo y aventurero, se va con un amigo de
su edad a probar suerte en Montevideo. Pasa allí varios meses –algunos dicen varios años–, pero al fin regresa y encuentra a una
madre desolada. La falta de noticias le hizo suponer su muerte. Él no
imaginó que doña Berta pudiese sufrir tanto su ausencia.[17]
Pareciera que esta constatación lo hace reflexionar, porque comienza a buscar trabajo. Por un tiempo, trabaja como cadete de la
cartonería Pagliani, luego como aprendiz de relojero y más tarde

---

[15] Revista *Gente y la actualidad, Op. cit.*, p. 201
[16] Revista *Sucesos*, Año 1960, Buenos Aires, p. 45.
[17] Collier, Simón, *Op. cit.*, pp. 26-27.

como tipógrafo en la imprenta "Au bon marché" de Cúneo, ubicada en la esquina de Florida y Córdoba.[18]

Incursiona asiduamente por el Mercado del Abasto, el barrio en que mejor se siente, con sus galpones de chapa, sus baldíos, sus verduleros italianos, sus matarifes criollos, sus *compadritos*, sus vendedores ambulantes, sus peones. Por estos años, la Comuna ha destinado 25.000 metros cuadrados sobre la calle Corrientes, para que se establezca en esta parcela un edificio destinado a la provisión de frutas y verduras para la ciudad que crece día a día. El magnífico edificio de 44.000 metros cuadrados recién se inaugura en 1934, posee un acceso para el tren, dos escaleras mecánicas y una playa subterránea de maniobras y 540 puestos. Pero por estos años este proyecto ni se sueña todavía, sólo existen construcciones precarias a las que llegan las carretas repletas de mercaderías[19]. Allí Carlitos agarra alguna *changa* (carga o descarga cajones de frutas y verduras).

El Abasto rebosa de vida. Este mercado –despensa fantástica de la ciudad gigante– es un chato caserío, y sus alrededores pertenecen al más auténtico pintoresquismo de Buenos Aires. Sus negocios más ruidosamente concurridos son almacenes prolongados en canchas de bochas, cantinas de *vermichelli al dente* y de *bon vin*, cafetines húmedos con gritos de *murra* y *truco*. El salón A.B.C. va astillando su piso con el lucimiento de los virtuosos del tango, y allí alza su cartel un gran bailarín: *El Cachafaz* –el Cacha, cuyo verdadero nombre es José Ovidio Bianquet–.[20]

A Carlitos se lo ve por los almacenes con algo de pulpería. Se arrima a oír a los payadores. Frecuenta la fonda *El Pajarito* de don Giuseppe Marzotti, quien le enseña a entonar la *canzoneta*. En el bar *El Criollito*, ubicado en Santa Fe y Centroamérica (hoy Pueyrredón), lustra zapatos, y de tanto en tanto canta algo, para que alguno "le tire un diez".

Tiene facilidad para hacer amigos y uno de ellos, Luis Ghiglione, conocido con el apodo de *Patasanta*, capitanea un equipo de *aplaudidores*. Le dicen *Patasanta* porque larga puntapiés al integrante de la *claque* remiso a cumplir con su tarea de aplaudir. Carlos se integra al grupo de *claqueurs* y accede a espectáculos teatrales y a veces de canto

[18] Macaggi, José Luis, *Op. cit.*, p. 137.
[19] www.buenosairesantiguo.com.ar. Sitio de Internet.
[20] *Op. cit.*

lírico. En las tertulias altas deben aplaudir en determinados momentos para incitar a los espectadores a que hagan lo mismo. Carlos
aplaude a reglamento en los altos del *Victoria*, del *Coliseo* o de la *Ópera*.
Esta actividad le reporta algunas monedas: "Muchachos, esto no me
alcanza ni para alpargatas"[21]. Desde "el gallinero", pone su atención
a una técnica de canto que luego ensaya en su casa.

A los 16 años se encuentra oficiando de utilero o ayudando a los
tramoyistas a subir y bajar telones... "¡Carlitos, bajá el corto de
calle!... ¡Tirá el forillo!... ¡Largá el rompimiento de jardín!". Estas tareas las hace alegremente, porque le gusta ese ambiente, donde sus
aptitudes naturales se sienten estimuladas al escuchar las voces de
grandes barítonos; esas que en otras ocasiones aplaude a reglamento. Se lo ve, en los entreactos, entrando y sacando muebles a escena
con sus robustos brazos, mientras acompaña con sonora y afinada
voz las melodías que toca la orquesta[22]. "¿ No te parece que Ruffo
canta así? ¿No crees que el Enrico canta de esta manera?" Los imita,
e interpreta las partes del tenor, la contralto o el barítono. Los ma-
quinistas y utileros lo aplauden y él imita a Caruso, a Tita Rufo...

Ahora puede comprarse un sabroso sandwich de mortadela y "el
cinco y cinco" de vino y limonada, a modo de una magnífica cena,
que comparte con sus amigos en el almacén de la esquina. Carlitos,
andariego adolescente, frecuenta las compañías sin distingos. Todo lo
emprende, lo hace y lo deshace cantando, y sigue frecuentando boliches y persiguiendo sueños. "Y... si uno cree en los sueños y los per-
sigue, éstos terminan transformándose en realidades", le dice Pablo
Podestá, su protector.[23]

Son años de canto y música en bares y cafés. La noche lo atrae,
y la música lo apasiona. El tango es danza todavía, y sólo se escucha
en las esquinas. Esteban Capot, el hijo de Odalie, su madrina, le enseña a tocar un poco la guitarra: una vez que aprende, se convierte
en el ídolo del Abasto. Los muchachos del barrio se pasan horas en-
teras oyéndolo cantar.[24]

Carlos está atrapado por el mundo de los boliches y al mismo
tiempo fascinado por el canto lírico, que escucha en los teatros con su

---

[21] García Jiménez, *Op. cit.*, p. 28.
[22] Macaggi, José Luis, *Op. cit.*, p. 139.
[23] García Jiménez, *Op. cit.*, p. 25.
[24] Defino, Armando, *Carlos Gardel. La verdad de una vida*, Buenos Aires, Compañía Fabril
    Editora, 1968, p. 27.

grupo de *aplaudidores*. Los nuevos amigos comparten con él ilusiones y gustos similares. Juan Caruso, los hermanos Laurent, Alfredo Deferrari... se pasan las noches ensayando cantos y tocando la guitarra.[25]

–Con el canto no se come, hijo. La guitarra es para los haraganes... ¿Por qué no te buscás un buen empleo? Si quisieras... con tu inteligencia... con tus amistades... sos un "tête de linot"... Cantás mucho y no trabajás nada...– protesta su madre.

Es que Berta es padre y madre para Carlitos, la portavoz del orden exterior: "No podés seguir de este modo...". Él la escucha silbando. Después se pone serio, la besa y la abraza, la hace sentar y canta. Y canta con elemental alegría, con esa alegría que tiene el mismo ropaje que la lluvia, el rocío o el viento, y el canto resuena en aquella habitación limpia y estrecha.[26]

Así, Carlitos, muchacho con prestigio de morocho simpático, es para la barra del 900 orillero tan sólo "el francesito" y a veces "el Melena", por su abundante cabellera negra, que peina con una raya al medio, brillante y estirada. Lugares de leyenda y barrios *peliagudos*, con boliches famosos que frecuenta en mil noches desveladas de cantos y payadas.

Ya es conocido como Carlos Gardel; ha dejado el Gardes en el camino. Gardel suena con más fuerza. Guarda escondida una esperanza humilde: la de llegar a ser cantor. Presiente que el canto y su talento le darán la posibilidad rápida de alcanzar el éxito..., pero todavía es "el francesito".

---

[25] Collier, Simón, *Op. cit.*, p. 35
Existen varias anécdotas acerca de la primera guitarra de Carlos Gardel. Esteban Capot afirmaba que le había dado una a cambio de una ayuda en tareas de carpintería cuando él estaba construyendo su casa. Otra versión sostiene que compró una con un plan de cuotas de la Antigua Casa Núñez, una famosa tienda musical que aún existe, y que nunca las pagó. Debemos inferir que la empeñó, ya que siempre estaba pidiendo guitarras prestadas.
[26] Macaggi, José Luis, *Op. cit.*, p. 139.

2
Sueño de Juventud...

Sueño de juventud que muere en tu adiós
tímida remembranza que añoraré
canto de una esperanza que ambicioné
acariciando mi alma en mi soledad.

E. S. Discépolo, *Sueño de juventud*, 1932

Año 1907. Carlos tiene 17 años y canta en el *O'Rondeman* de los hermanos Traverso, un bar ubicado en Agüero y Humahuaca. El llamado *O'Rondeman* es en realidad el restaurant, café y billar *El Progreso,* al que le quedó aquel nombre porque uno de sus dueños, Félix, para ordenar una vuelta de bebida, de salame o de lo que fuera profiere algo que suena como "o rondeman de...". Yiyo, Constancio, Félix y José son sus dueños: los Traverso. Cuando Carlitos conoce este café, José ya no está. Un episodio famoso en la época y muy característico de los "encuentros" que ocurrían en los sitios de tango entre los habitués y las *patotas* de "niños bien" que iban a divertirse cargando a los *compadritos* locales, lo protagoniza José "Cielito" Traverso. Fue en el almacén *El Tambito*, de Aquiles Gardini, en los bajos de Palermo, cerca de varios boliches de tango de aquel andurrial. De día esos parajes son escenario de afanes deportivos de los primeros ciclistas y de paseos aristocráticos en carruajes por la Avenida de Las Palmeras (hoy Sarmiento). Juan Carlos Argerich, "el Vidalita", un "niño bien" de familia oligárquica afincada en Buenos Aires, ha concurrido con su patota. En cierto momento del baile, la orquesta ataca el tango *La Tirana*. Terminada la ejecución, Argerich pretende que se repita, con gran resistencia de los músicos. Traverso sale en defensa de éstos, se arma la pelea y hiere de una puñalada al *cajetilla*. El Vidalita, de apenas 21 años, muere algunos días después. Su atacante es procesado por homicidio. Influencias políticas lo ayudan a evadirse al Uruguay.

Fue la noche del 22 de diciembre de 1901.[1]

Por ese café de los hermanos Traverso vagabundea el pibe Carlitos, a quien "le tira el canto" y las canciones que se escuchan en los cilindros fonográficos en las voces de Angel Villoldo, Arturo De Nava, Diego Munilla, Juan Sarcioni, José Luis Betinotti. Los Traverso le han cobrado afecto, sobre todo Félix, y lo dejan cantar y pasar el "platito". Aquí Carlos constituye su cuartel central. El "francesito" pasa a ser el "Morocho del Abasto". El apodo se lo ponen los Traverso, no por el color de su piel, que es blanca, si no por su pelo negro de tintes azulados, que peina hacia atrás con gomina. "Es un mozo que canta lindo", dice la gente. "¿Cómo se llama?"... "El nombre no lo ubico bien, pero le dicen 'El Morocho' ".

Al hacer su aparición se va gestando una nueva modalidad interpretativa: la del "estilista" o "cantor criollo", cuyo arte consiste –a diferencia de las formas "payadoriles"– en cantar versos ajenos o propios, pero compuestos de antemano. Y Carlitos cultiva el género campero con estilos, tonadas, valses y milongas.[2] El tango es danza, todavía.

Cuando el Morocho canta en *O'Rondeman*, se abren las ventanas de las casas del barrio, y su canto, sin él proponérselo, se transforma en serenata y agrega un poco de magia a la pobreza de los días iguales de los habitantes de ese arrabal.

El arrabal es el reflejo
de la fatiga del viandante...
... y quedé entre las casas
miedosas y humilladas...

(Jorge Luis Borges)

En este arrabal (el vecindario del Abasto) se respira una atmósfera multicultural. Están, en dos calles contiguas a Corrientes, los teatros: *Soleil* y *Excelsior*. En las fondas del contorno, Bettinoti estrena su inolvidable *Pobre mi madre querida*, entre el torrente de poemas que

---

[1] Macaggi, José Luis, *Op. cit.*, pp. 139-140
[2] Morena, Miguel Ángel, *Op. cit.*, p. 17.
En el año 1908, Carlitos conoce al payador Betinotti, y como homenaje le canta *Pobre mi madre querida*. Sobre la última estrofa, Bettinotti lo abraza y le dice: "Bravo, pibe. Con vos se acabaron los payadores". No se equivocó: Betinotti fue el último payador.

se ofrecen a los parroquianos. En este marco, todas las noches se pueden oír las milongas y estilos de los carreros, que cantan mientras sus productos se descargan en el mercado de los concesionarios italianos. Y en las fondas, boliches y cafés, los poetas del tango brindan sus letras. Es un barrio muy peculiar, con características propias, en donde los inmigrantes pasean la melancolía por su rinconcito arrabalero.[3]

El Abasto es en estos años un genuino faro de cultura y una amalgama de corrientes de muy diversos orígenes. Por las tardes hay óperas en el *Soleil,* para el disfrute de los italianos que trabajan en el mercado desde el alba y se acuestan temprano; por las noches se representan comedias étnicas que van a ver los judíos. Todo un programa: italianos de tarde y judíos de noche. Y la criollada que mezcla el tango con las canciones camperas.

El primer maestro de Carlitos es Arturo De Nava, dueño de una voz con mayores recursos que los cantores populares de la época, recursos que le pasa a su alumno. Le enseña a colocar la voz, a regular la respiración al fin de una estrofa para iniciar con más brío la siguiente, a marcar la intención de las letras que canta. Es un buen maestro. Le da clases en su camarín

—¿Cuándo podré tener una guitarra, don Arturo?

—Ya la tendrás, no te aflijas. Lo importante es que tengas voluntad para estudiar y en lugar de andar perdiendo el tiempo tras las polleras, te apliques al canto con alma y vida. Tenés buena voz. Pablo y yo creemos en tu talento, no te será difícil hacer carrera.

En el camarín de Pablo Podestá hay un grupo de artistas. Súbitamente se interrumpen las conversaciones porque llegan hasta ellos las notas de una canción y en seguida la voz cálida, juvenil y envolvente del muchacho que se afirma y se aploma bajo la vigilancia de Navas.

—¿Quién es ese zorzal?— preguntan.

—Es un brillante en bruto —informa Pablo—. Le faltan las facetas, hay que pulirlo. Pero para eso le sobran alma y corazón. Se llama Carlitos Gardel. Debe de andar por los 18 años...

El grupo se acerca a aplaudirlo, todas las manos se le tienden, Pablo Podestá se emociona. Y Carlitos, que no sabe qué hacer, opta por salir disparando.

---

[3] Amallo, Carlos H, "El barrio", en *Crónicas Argentinas,* Nº 66, Buenos Aires, Centro Editor de América Latina, 1971, p. 7.
Gardel progresa y se hace famoso, sin embargo nunca olvida al barrio que lo vio crecer. Salía del teatro e iba a comer al Chanta Cuatro, un bodegón del Abasto.

Carlos se ejercita en un aljibe, en un pozo de agua, en una vasija; vocaliza una y otra vez hasta recibir el eco de su propia voz. Le apasiona el canto lírico, lo conoce, y este conocimiento le permite adquirir una técnica vocal completamente novedosa para el canto criollo, técnica que traslada al tango cuando decide incorporarlo al repertorio. Este entrelazamiento que une el arrabal y los escenarios operísticos signa, por un lado, su fidelidad al canto popular desprovisto de academicismos y, por el otro, su dedicación al perfeccionamiento y dominio de la voz.

En ruedas de *malandras* y de políticos, comienza a "hacer basa" y a transformarse en alguien: "el Morocho del Abasto". Su fama, que ya se extiende por el barrio, está trasponiendo los límites. Se hace familiar en otras barriadas de la ciudad, así se lo escucha por Barracas, Corrales o Palermo. No hay reunión en que no sea requerida su presencia. Su universo suburbano abarca una ancha franja de distritos que se extienden desde el Bajo Belgrano, con sus caballerizas turfísticas, hasta la Boca, un pintoresco barrio portuario de inmigrantes genoveses con numerosos cafés, donde las primeras orquestas típicas brindan a los parroquianos las últimas melodías.[4]

Delmiro Santamaría, un periodista de la revista *Ahora*, al que le habían hablado del cantor, va a visitarlo al conventillo de la calle Corrientes. Allí vive Gardel con su madre, en una pieza chica con dos camitas y un biombo en el medio. Cuando Carlos se entera del motivo de la visita se pone a reír. "¡Una nota!", dice, y larga una carcajada. Lo invita a matear. Al lado de la cama hay una guitarra. Su canto deja sorprendido al periodista, es algo diferente a todo lo que ha escuchado hasta entonces, es como un acorde nuevo con un estremecimiento inédito, con un asombro que duele, que grita y que tiene algo visceral y profundo. Una maravillosa voz de muchacho que ha aprendido que la peor de las moderaciones es la del corazón. Santamaría lo invita a cantar en su casa. Carlitos acude, y esa reunión dura hasta las dos de la mañana. El Morocho canta sin parar, y todos los presentes comienzan a hablar de "un cantor extraordinario".[5]

Corre el año 1910, año del Centenario, año en que el cometa Halley aparece en el cielo de Buenos Aires y doña Berta, Anais Beaux, Francisco y Carlos suben a la terraza de la pensión para ob-

4 Morena, Miguel Ángel, *Op. cit.*, p. 20.
5 Revista *Ahora*, Buenos Aires, 1939, pp. 20-21.

servarlo. Carlos tiene casi 20 años y contempla los festejos del Centenario. Llegan al país personajes importantes, entre ellos la Infanta Isabel, tía de Alfonso XII... La sociedad argentina se entusiasma por demostrar su modernización y su progreso. Los arquitectos italianos más famosos de la época han diseñado los grandes palacios de la oligarquía. Ejecutan por primera vez un par de tangos. Lo hacen las Bandas. Cien gauchos a caballo desfilan ante ellos y los agasajan con un asado típico, un Tedeum en la Catedral y la función de gala en el Teatro Colón, donde cantan las voces mayores de la época: Anselmi y Tita Ruffo. Los visitantes elogian la cultura de la clase alta de Buenos Aires, sus hábitos, sus fiestas, su *savoir faire*...[6]

–"¡Hay que oírlo al Morocho!"– se comenta en rueda del café del *Pelado*, en Moreno y Entre Ríos.

–¿Vos lo conocés, José?

–Personalmente no, pero las mentas me llegan de todos lados.

Alguien piensa, entonces, en enfrentar a Gardel con José Razzano, "el Oriental", hombre que "para" en ese café y que canta temas camperos y malambea con destreza. Los más apasionados son Enrique Falbi, un viajante de seguros, y Luis Pellicer, un asiduo parroquiano del café y fanático de Razzano. Lo buscan hasta ubicarlo.

–El Morocho es del Abasto –dice Pellicer al cabo de unos días–. Lo conoce un amigo mío: Gigena. Mañana a la noche, José, te topás con él en lo de Gigena, y le bajás el copete.

José Razzano tiene sólo tres años más que Carlitos, pero posee más experiencia de vida... y esa noche de 1911, se encuentran en la casa del pianista Gigena, en la calle Guardia Vieja, situada detrás del Mercado. Una treintena de personas llena la amplia sala. Hechas las presentaciones, Carlos le dice:

–Me han dicho que canta muy bien

–Me defiendo, pero las mentas suyas son grandes. Celebro mucho cantar con usted.

–Y yo igualmente, amigo– contesta Carlitos.

La atmósfera es cordial. Se le brinda la guitarra al Oriental, que con clara voz de tenor entona:

Entre colores de grana
rey del espacio celeste

---

[6] Macaggi, José Luis, *Op. cit.*, pp. 142-143.

el sol asoma en el este
con majestad soberana...[7]

Arranca grandes aplausos.

Al recibir la guitarra el Morocho, tras unos rasgueos, entona con su magnífica voz de barítono las estrofas de un estilo popular: *Primavera de colores.*[8]

Todo está envuelto en la calma
de la tarde moribunda
melancólica y profunda
bebe a raudales el alma...
... y en el rancho el dulce estilo
canta un paisano a su amada.

Allí alternan en el canto, y a ellos se une Panchito Martino.

–¡Bravo! ¡Muy bien! ¡Otra!...– exclama la gente.

–¿Dónde lo puedo ver?– le pregunta Carlitos a Razzano.

–En el café del Pelado: en la esquina de Moreno y Entre Ríos –contesta el otro.

Es el comienzo de una gran amistad.[9]

Constancio Traverso, caudillito de la zona del Abasto, donde reina Benito Villanueva y Pedro Cernadas lo lleva a un Comité Conservador.

–Morocho, esta noche vas a cantar en el Comité de Cevallos y Cochabamba.

Carlitos asiente, contento de poder participar. Al llegar se arrincona modestamente, escuchando con respetuosa atención a los payadores. Y así pasa un rato. Uno de los amigos de Traverso se le acerca y le dice:

–¿Porqué no te apuntás con una canción, Morocho?

–¡Avise! ¿Qué quiere que haga yo con estos "nenes"?

–No te achiqués, muchacho... Sí, ya sé: ellos son payadores. Y bueno... Vos en cambio sos un mocito cantor sin pretensiones, pero tenés una voz macanuda. Cuando cantés les vas a ganar el corazón a todos...

---

7 Populibro D.I.S.A. Nº 5, *Gardel Inmortal*, Montevideo, Vaccaro Hnos S.R.L. (no figura año de impresión), p. 58. *Entre colores* (vals) (Gardel-Razzano).
8 Populibro D.I.S.A. Nº 5, *Op. cit.*, p. 12. *Primavera de colores* (estilo) (GardelRazzano).
9 García Jiménez, Francisco, *Op. cit.*, pp. 42-44.

El Morocho toma la guitarra, la templa, y ante la general expectativa comienza a cantar el estilo *Como las margaritas*:

Yo soy aquel trovador
que de tierra muy lejana
llegó al pie de tu ventana
para cantarte su amor... [10]

Lo escuchan con atención, lo felicitan a coro, y le piden más canciones. Casi clarea el día, cuando, con el comité colmado de público entusiasta, el Morocho cierra con esta canción:

Sos la tibia resolana
Sos la tibia resolana
que calienta mi existir...

–¡Hiciste *capote, pibe*!– le comenta Constancio alborozado. Carlitos con un gesto vago, levanta un hombro, como diciendo "¡qué va!". Se achica, sin pose...[11]

Así comienza a vincularse a los ambientes de los comités conservadores, donde se mezclan capitalistas de juego, guardaespaldas, agentes provocadores, chantajistas y rufianes. Los pesos que gana no son muchos, tampoco los auditorios son numerosos, pero sus incursiones por comités y parroquias acrecientan sus mentas de cantor y lo relacionan con personajes influyentes. Todavía debe seguir haciendo algunas *changas,* y no ha logrado aún juntar el dinero suficiente para comprarse una guitarra. Tampoco permite que su madre lo mantenga; aparte de casa y comida, colabora en todo lo que puede. Vive con ella, como vivió toda su vida. Ahora está arrepentido de los disgustos que le dio a su pobre viejita y se promete a sí mismo que le comprará una casa con patio y parra al fondo, con zaguán y puerta cancel y un llamador con mano de bronce en la puerta.

Sin embargo, doña Berta que siempre soñó con que su hijo fuera un profesional, un doctor, un abogado, un hombre de estudio, ve sus sueños frustrados. No le gusta que su hijo se mezcle con esa gente, ella no lo educó para eso... suspira... musita: *Mon Dieu...* y sigue planchando.

---

[10] Populibro D.I.S.A. Nº 5, *Op. cit.*, p. 22. *Como las Margaritas* (estilo) (R. Rossi).
[11] García Jiménez, Francisco, *Op. cit.*, p. 38.

Carlos Gardel y José Razzano se han encontrado. Casi como un cuento, sin fechas ni referencias exactas, esos dos *créditos* de distintos barrios comienzan a cantar juntos con esa suerte de espontaneidad que da el "encuentro casual". Se retribuyen las visitas. Don Enrique Falbi, uno de los fanáticos seguidores de Razzano, vislumbra la posibilidad de que estos muchachos canten juntos y ofrece sus conocimientos para intentar una gira que sirva para hacer conocer a los artistas y a su regreso interesar a algún empresario. Y de ahí nace el proyecto de formar un conjunto. Francisco Martino, que también canta con ellos, los apoya, y es Luis Saúl Salinas, apodado "el Víbora" en alusión a la forma de sus ojos, quien les enseña a cantar a dos voces (antes lo hacían al unísono).

El 6 de abril de 1912, Gardel, Razzano y Martino deben presentarse en la ciudad de Chivilcoy, luego en Bragado y siguiendo la línea del Ferrocarril Oeste llegar hasta General Pico, atravesando el chato paisaje pampeano con su inmenso cielo, sus largas hileras de postes, sus chacras y estancias. A último momento, el Oriental no puede hacerlo. Gardel canta sólo con Martino. Los resultados económicos son pobrísimos. No les alcanza ni para pagar la cuenta del hotel. 'Sólo cosechamos aplausos." Sucede que los músicos no viajan contratados: cuando terminan de cantar deben pasar entre las mesas con el sombrero en la mano para recibir la colaboración del público. Se presentan en Zárate, en el carnaval de 1913, y luego en San Pedro.[12]

Siguen las presentaciones del cuarteto: Gardel, Razzano, Martino y Salinas, pero los resultados económicos son desalentadores. Salinas se separa del conjunto, pero ellos siguen insistiendo con giras y presentaciones en clubes sociales y confiterías. Martino, finalmente, deja el trío. Queda constituido el dúo Gardel-Razzano. Los periódicos de los pueblos en donde actúan escriben notas elogiosas. En Bragado, *El Censor* informa a sus lectores:

"No se trata de payadores, sino de cantores que hacen oír trozos poéticos escogidos."

En General Viamonte, el diario *La Tarde* comenta:

"Dos criollos de pura cepa nos hicieron vivir gratas horas de reminiscencias patrias, entonando el sentimiento tradicional de nuestros gauchos."

En más de una oportunidad, el dúo se encuentra en alguna ciudad o pueblo de provincia con el poeta Belisario Roldán, que también

---

[12] Macaggi, José Luis, *Op. cit.*, pp. 145-147.

anda de gira, recitando sus poemas. Le dicen "Piquito de Oro", por su facilidad de palabra. En un Salón de Beneficencia, ante un público de chacareros, peones y pequeños comerciantes Piquito de Oro recita sus versos y el dúo Gardel-Razzano entona sus canciones.[13]

En este año, 1912, Gardel comienza a grabar con Razzano bajo el sello de Columbia, por iniciativa de Casa Tagini, una conocida tienda de la Avenida de Mayo. Firman un contrato de exclusividad por cinco años. Un mal negocio: sólo graban 14 canciones y cobran 180 pesos. Sin embargo, se puede advertir en esas grabaciones una voz de barítono sin escuela, pero que intenta con notable seguridad notas altas y calderones, alardea en los agudos y todo lo reviste de una musicalidad y una emotividad hasta entonces desconocidas. Una mezcla de intuición, de observación y de ensayos y más ensayos.

–Che, José, ¿era así aquella vuelta que le encontramos a la tonada?– le pregunta Carlitos en la mitad de la noche, despertándolo y tarareándole el tema.[14]

No es canto sino quejido
del espíritu arrancado
del espíritu arrancado
triste acento comenzado
en el huerto del dolor...[15]

El comité de la calle Pavón de Avellaneda está capitaneado por Alberto Barceló, el más notable de los caudillos urbanos de la historia argentina. Barracas al Sud es el sector de Avellaneda lindante con el Riachuelo, frente a la Boca y Barracas. Es el feudo del caudillo y de su lugarteniente Ruggero, capaces de resolver una elección a punta de pistola en plena Ley Sáenz Peña. El Dock Sud florece en prostíbulos de baja condición. En estos lugares se mezclan hombres de tango –Ernesto Poncio, que le dedica su tango *Avellaneda*; Agustín Magaldi, el futuro cantor de Fresedo; Teófilo Ibañez; el dúo Gardel-Razzano– con mafiosos del más puro estilo "barceloniano" –Potranca, Tamayo, Gavilán, Monferrer y Juan Ruggiero–.

---

[13] Orgambide, Pedro, *Un tango para Gardel*, Buenos Aires, Editorial Sudamericana, 2003, pp. 37-38.
[14] García Jiménez, Francisco, *Op. cit.*, p. 65.
[15] Populibro D.I.S.A. N° 5, *Op. cit.*, p. 21. *Eres cruel* (estilo) (Gardel-Razzano).

El dúo Gardel-Razzano es infaltable en las campañas electorales de Barceló, pues resulta el número de mayor éxito. El pueblo sigue a Barceló, aplaude a Gardel y el caudillo banca sus votos con parte de las *coimas* que los trusts internacionales le pasan para obtener de él concesiones y regalías. Otro hampón que frecuenta estos lugares es Héctor Behety, uruguayo, conocido como "Chicho Chico", por integrar la banda de mafiosos capitaneada por el famoso italiano Chicho Grande. El ambiente deja mucho que desear, pero el objetivo de Carlitos es ser cantor y por esto se mete donde sea necesario y, en este momento, la punta se le da por esos lados.[16]

Gardel y Razzano todavía la están peleando por los comités o en giras por los pueblos de la provincia de Buenos Aires cuando un episodio les da vuelta la taba.

Estamos en 1913, el año en que el tango triunfa en París, un año clave para la carrera de Gardel. El negocio de los discos de tangos grabados en Düsseldorf y Francia por la famosa firma RCA Víctor es un hecho importante, pero el puritanismo en Buenos Aires sigue bregando por su excomunión.

Leopoldo Lugones dice:

"El tango no es un baile nacional, como tampoco la prostitución que lo engendra (...) es una simple obscenidad: coreografía de burdel. Cuando las damas bailan el tango, saben, o deben saber, que parecen prostitutas, porque ésa es una danza de rameras."

Ezequiel Martínez Estrada escribe:

"No busquemos en el tango música, ni danza: aquí sólo son dos simulacros. No tiene alternativas, la excitación por el movimiento de los otros bailes, no incita por el contacto casual de los cuerpos. Son cuerpos unidos que están, como en el acoplamiento de los insectos, fijos y adheridos. Es lo que precede a la posesión concertada, pagada."

Ambos escritores son ajenos a la noche y a los burdeles de aquel Buenos Aires deliciosamente infame. El edificio moral de la sociedad burguesa se conmueve, amenaza con rajarse para siempre[17]. Sin embargo, en París, en 1911, en el diario *Le Fígaro*, se puede leer:

"Lo que bailaremos este invierno será una danza argentina: el tango (...) Es graciosa, rítmica, variada."

---

16 Matamoro, Blas, *Carlos Gardel*, La Historia Popular, N° 24, Buenos Aires, Centro Editor de América Latina, 1971, p. 27.
17 Pujol, Sergio, *Historia del baile. De la milonga a la disco*, Buenos Aires, Emecé, 1994, p. 75.

Sólo París lo introduce. En la Inglaterra victoriana no ingresa en ningún salón aristocrático o burgués. En muchas ciudades alemanas se lo prohíbe por resolución municipal o arzobispal. Dicen: *"Es sinónimo de lo vulgar, de movimientos escandalosos que insinúan los preámbulos del acto sexual..."*
En Buenos Aires, José Luis Roncallo, un pianista que dirige su orquesta, introduce el tango en un ambiente de familias. Una noche de 1905, en el restaurante *El Americano* de la cortada de Carabelas, lo anuncia como *danza criolla* y ejecuta *El Choclo* de Villoldo. Tiene éxito y aceptación. Parece que lo que no gusta es la palabra "tango" y los personajes que convoca.

Entre comités y sesiones privadas del *Café de Los Angelitos*, en la esquina de Rivadavia y Rincón, el dúo comparte honores de la concurrencia con Gabino Ezeiza y Cazón, sus dueños. Francisco Taurel, *Pancho,* estanciero y político bonaerense, hombre de buenos recursos y contactos, amigo de gente importante que gusta de copas y farras, invita al Oriental a cantar en una reunión privada en lo de Madame Jeanne. El Oriental le dice a Taurel que concurrirá con un morocho que canta muy bien, con el que hacen temas a dúo.

Sale José a buscar a Gardel, va al *O'Rondeman,* y allí Yiyo le dice que acaba de irse para la calle Nueva Granada, en donde vive la novia. En estos tiempos, el corazón de Carlos tiene una destinataria, una pebeta de barrio llamada Margarita Pretera. Margarita vive en la calle Nueva Granada (hoy Boulogne Sur Mer) y hasta ahí se llega Gardel para brindarle una serenata y robarle un beso en el zaguán. Y allí lo encuentra Razzano:

–¡Dale, Carlos, esta noche nos esperan en un sitio para que cantemos!

–¿Habrá unos pesos?

–Estate tranquilo, es gente de primera.

–¿Tendrá la *viola* Alfredo? ¿No la habrá prestado?

Carlitos y José no tienen guitarra propia, todavía no han podido comprarse una. De la casa del amigo Alfredo Deferrari salen al rato con una guitarra envuelta en un paño negro. Andan de suerte.[18]

Lo de Madame Jeanne es una pensión de camareras francesas, que trabaja como prostíbulo, ubicado en la calle Viamonte, entre Esmeralda y Maipú. Madame, una hermosa y algo madura mujer, está

---

[18] García Jiménez, Francisco, *Op. cit.*, pp. 67-69.

vinculada al mundo de las pensiones clandestinas, a las casas de citas no autorizadas con pupilas exóticas que satisfacen los ocios de los grandes magnates. Su verdadero nombre es Giovanna Ritana y ha llegado a Buenos Aires con el elenco del cantante Enrico Carusso. Se hace ladera del corso Juan Garessio, que regentea una cadena de burdeles y se queda. Es una de las más célebres madamas de la ciudad.

El prostíbulo desempeña un papel muy importante en este tango que está naciendo. Mientras la burguesía adinerada hace construir el Teatro Colón para deleite de las familias, trayendo de Europa a los artistas que exigen el pago en oro, el resto de la población de los barrios y suburbios queda relegada a la distracción que le brinda el circo barato y el prostíbulo.

El prostíbulo del suburbio o del barrio es la contrapartida del Club del Progreso, pues los bailes y los cantos, así como las operaciones comerciales, tienen lugar ahí. Además, hay prostíbulos para gente decente y para *rantifusos*, con todas las variables que se pueda imaginar. Y allí se baila el tango. Por eso la burguesía se mantiene contra él, no por ser un baile nuevo, sino por ser practicado en el burdel, adonde concurre todo tipo de gente, desde el perdulario hasta el político, y donde se codean el que tiene mujer que trabaja la calle con el que sueña tenerla. Y es allí donde el tango se nutre de su carga y contenido nostálgico.

La moral burguesa lo rodea de altos muros con un *chafe* en la puerta para controlar la edad de los concurrentes. Tener mujer que trabaje en el prostíbulo es liberarse de la obligación de conchabarse y pasar vida regalada; no tenerla significa estar atado al yugo y tener que pagar para acostarse. En el patio del *quilombo* están los músicos, que dedican sus piezas a las personalidades del ambiente. La concurrencia masculina se entretiene, escucha la música, intercambia noticias y comentarios y pide permiso al dueño de la *mina* para pasar al interior. Allí, en el patio del burdel, están los *canfinfleros* controlando la labor de sus mujeres, esperando "la lata", que es una ficha de metal que luego cambian por dinero en la caja del establecimiento. La señal clásica para distinguir al hombre que tiene mujer que trabaja para él está dada en una uña muy larga, generalmente del dedo meñique de la mano derecha. Esta uña significa que su poseedor no realiza tareas a cambio de un jornal. Éstos también curten la *pichicata* –poción de cocaína que proviene de Alemania, cuyo nombre procede del *pizzicato*–. Una aspirada y un *cívico* –como se designa al vaso de cerveza– es la costumbre de la época. Se lo llama "cívico" porque al ser servido

conserva en la parte superior una capa blanca de espuma, coinciden-
te con el color de la gorra blanca de los radicales. Los conservadores
piden *mistela*, que deja superficie colorada, como la boina.[19]
    En la letra de los tangos aparecen las referencias a la cocaína, *cocó*:
"*...y te engrupieron con cocaína...*" *(Milonga fina)*; "*...como en botica cocó...*" *(A
media luz)*; "*... no se conocía coca ni morfina...*" *(Tiempos viejos)*; "*... y una noche
de champán y de cocó...*" *(Griseta)*.[20]
    El *compadrito* viste botines abotonados, pantalón fantasía con
trencilla, chaqueta negra con vivos, pañuelo al cuello o *lengue* de
seda japonesa. Lleva puesto el invariable chambergo, el *gacho* gris
arrabalero de cinta ancha y ribete negro en el ala, símbolo del *malevaje* rioplatense.
    Esa noche de diciembre de 1913, en la confitería *Perú*, esperan a
Taurel: el senador y estanciero de Necochea, Pedro Carrera; Cristino Benavídez, jefe de policía de la Provincia de Buenos Aires; y el
músico chileno Osmán Pérez Freyre. A las diez de la noche, en
punto, están *como fierro* Gardel y Razzano, con sus *pilchas* limpias y
modestas. De allí parten hacia lo de Madame.[21]
    El prostíbulo de Madame Jeanne, adonde concurre Carlitos por
primera vez, resulta de alto nivel. Carlos observa el lujoso *petit hotel*.
Los muebles son de caoba estilo Luis XIII, el más opulento de los
franceses. El alto techo dorado está ornamentado con recuadros de
elaborados esquemas a base de hojas en remolino. En un extremo, la
chimenea con repisa de mármol blanco está flanqueada por dos ventanas, de las cuales caen cortinas de terciopelo y visillos de encaje. En
un rincón, un juego de sillones tapizados en pana borravino con brazos y patas de fina madera lustrada. Divanes, almohadones y esculturas repartidas por el suelo de parquet. Las mesas del comedor con
manteles de lino adamascado están puestas con relucientes copas de
cristal, platos de porcelana y cubiertos de plata. En las paredes hay

---

[19] Carretero, Andrés M., *El compadrito y el tango*, Buenos Aires, Ediciones Pampa y Cielo,
1964, pp. 49-50.
    La época de Gardel coincide con la prostitución organizada en Buenos Aires y la pro-
liferación de burdeles. El notorio éxito de Gardel con las mujeres (en sus presentaciones, el 90% del público eran mujeres) no lo inclinó a dejar de lado sus objetivos. Ni las
mujeres, ni la droga, ni las conductas fáciles interrumpieron su camino. Era hombre de
convicciones claras.
[20] Benedetti, Héctor Ángel, *Las mejores letras de tango*, Buenos Aires, Edit. Seix Barral, 1998,
p. 468.
[21] García Jiménez, Francisco, *Op. cit.*, p. 70.

una serie de espejos enmarcados en arcos dorados. Una escalera de madera de mullida alfombra lleva a los cuartos superiores, entre macetas con palmeras y estatuas griegas. En el pasillo de arriba se ven muchas puertas.

–¡Chicas, al salón!– dice Madame Jeanne. Y aparecen mujeres muy guapas, elegantemente vestidas. Son muchachas duchas en el sexo y de buenos modales, que se dan a los hombres de manera interesante y con cierto misterio. Los clientes pagan buen dinero por una sesión con una de ellas.

La cena consiste en brótola *à la maître d'hôtel*, regada con *Sauternes*. Luego de la comida, los muchachos cantan. La presentación es un éxito, y el dúo recibe muchos aplausos. Las niñas de madame Jeanne mariposean en un revuelo de sedas, perfumes e insinuaciones alrededor de los cantores que no tienen buenas *pilchas*, ni billeteras repletas, pero sí juventud y *pinta*.

Solemne y muda la noche
sobre el campo dormitando
va la grandeza aumentando
del paisaje con su broche
la luna haciendo derroche
de su luz azul turquí... canta el dúo.[22]

–Sigámosla en el *Armenonville*– propone uno de los *puntos* altos. Y hacia allá parten en un victoria de plaza al trote de los caballos.

Pancho Taurel asume el rol de descubridor, y a él se suman otros hombres que respaldan el prestigio de los cantores. Son los *bacanes* o los *jailaife* que comienzan a acompañar al Morocho.

22 Populibro D.I.S.A. N° 5, *Op. cit. Tristeza Gaucha* (estilo) (Juan Sarcione).

3
Entre el oro fugaz del champán

Cuántas noches fatídicas de vicio
tus ilusiones dulces de mujer
como las rosas de la loca orgía
las deshojaste en el cabaret.
y tras la farsa del amor mentido
al alejarte del Armenonville
era el intenso frío de tu alma
lo que abrigabas con el zorro gris.

F. García Jiménez-R. Tuegols, *Zorro gris*, 1921

¡Armenonville! Avenida Alvear, esquina Tagle. El restaurante-cabaret
más lujoso de Buenos Aires: el lugar del momento. Toma su nombre
de un local similar, del Bois de Boulogne de París: un edificio de dos
plantas rodeado de jardines.

"Un local amplio, una especie de caja de vidrio forrada con tablitas de madera cruzadas y con enormes ventanales, rodeado de
jardines con bancos, mesas y adornos que le dan un aspecto majes-
tuoso, enaltecido por una profusa y bien distribuida iluminación.
Tiene saloncitos reservados para quienes desean ocultar sus 'canitas
al aire' o la discreción de la soledad de dos en compañía...", dice Francisco Canaro en sus memorias.[1]

En la planta baja se encuentra la pista de baile, mesas y un pequeño escenario, arriba hay alcobas y cuartos privados. Mucha luz
en la pista y poca en los palcos y salones reservados. Son los años iniciales del cabaret porteño, que suceden inmediatamente al centenario. Niños bien en *voituré*, mujeres lánguidas envueltas en zorros grises y tapados de armiño forrados en lamé, personajes importantes de

---

[1] Canaro, Francisco, *Mis bodas de oro con el tango y mis memorias*, Buenos Aires, 1957.

la noche y la política. Jardines, fuentes y glorietas rodean el chalet estilo inglés. Se come con vajilla de porcelana y se bebe en copas de cristal de *bacarat*. Se codea el ruidoso libertinaje de los jóvenes de alta clase, sus queridas, los curiosos y algunas muchachas "de la vida" que acuden solas. El tango y la orquesta típica instalan entre el champagne y el smocking el alma del suburbio.

En la pista se baila el tango. La música del bandoneón crece como un río profundo. La gente mira a la pareja que baila aquella danza perturbadora. El hombre se mantiene quieto, enlazando firmemente por la cintura a su pareja, mientras ella mueve las piernas hacia adelante y hacia atrás como incitándolo a un juego febril. Ante el resuello largo del bandoneón, la bailarina se detiene anhelante y él, tras un breve taconeo y sin dejar de abrazarla, gira por la pista velozmente y la eleva para dejarla resbalar por su torso y sus muslos. Tomándola con firmeza por la cintura la guía con pasos arrastrados inclinándola hacia atrás y luego doblándose sobre ella le acerca su rostro, mientras el ala de su sombrero le arroja una sombra sobre sus mejillas. El público aplaude a rabiar. Y ahí están las pandillas noctámbulas que suelen copar los bailes, costumbre "muy argentina". Aislado, un porteño parece tímido; en cambio, en medio del grupo, se anima, habla, ríe, se divierte... y hace tonterías.[2]

Les piden a los cantores que canten, pero la guitarra quedó en lo de Madame.

–¡Qué pena no haber traído la guitarra para escucharlos acá!– se lamenta don Pancho Taurel.

–Acá hay dos guitarras– dice el gerente del cabaret.

Y Gardel y Razzano son invitados a cantar en uno de los reservados. El canto del dúo atrae a un grupo de personas, entre ellos al popular pionero de la aviación argentina, Jorge Newbery, cuya muerte ocurre poco tiempo después en un accidente aéreo, en *Los Tamarindos,* el 1º de marzo de 1914. Los cantores son calurosamente aplaudidos. Sienten que tocan el cielo. "¡Por fin se nos da una!" Los dueños del lujoso local, señores Lanzavecchia y Loureiro, los contratan a razón de setenta pesos por actuación y con la posibilidad de ganar algunas extras en los reservados.

–¿Setenta pesos por mes?– pregunta Carlitos.

–No, creo que por noche– le contesta Razzano

---

2 Pujol, Sergio, *Op. cit.,* p. 102.

–Andá y preguntá bien, que yo por esa plata soy capaz de cantar, lavar los platos y atender el guardarropa.

Debutan el 11 de enero de 1914.[3]

Esa noche de verano se baila con frenesí, las botellas de champaña asoman sus cuellos aristocráticos, las luces embellecen a las mujeres de pródigos escotes, las siluetas de los danzantes siguen el ritmo de los bandoneones, que con sus notas bajas y oscuras lanzan tangos y más tangos.

Roberto Firpo en piano, Eduardo Arolas en bandoneón y David "Tito" Roccatagliata en violín... El *Armenonville* iluminado abre sus ventanas sobre las sombras y un vago perfume de magnolias llega desde los bosques de Palermo.

Arturo De Nava, su maestro, está en una de las mesas. En su honor, el dúo arranca con *El Carretero*, de su autoría.

No hay vida más arrastrada
que la del pobre carrero
con la picana en la mano
picando al buey delantero...
Delantero... huella.... huella... buey

Aquella noche del debut son ovacionados. El público los alza en andas y los lleva en un desfile triunfal por el cabaret. No lo pueden creer, sospechan algún truco, alguna broma oligárquica. Pero no, la reacción del público es verdadera. Y así sigue noche tras noche. Han llegado para quedarse.

Después de sus actuaciones en el *Armenonville*, en algunas oportunidades, Carlos se dirige a lo de madame Jeanne. A veces lo acompaña su amigo Leguisamo –el famoso jockey–, a escondidas de su patrón Francisco Maschio, que no aprueba sus salidas nocturnas con Carlitos. Allí sirven cenas, se baila y se toma tupido. El Morocho ofrece sus canciones. Las pupilas se alborotan a su alrededor. Mimado por las mujeres, Carlos reparte sonrisas y bromas. Su simpatía es

---

3 Collier, Simón, *Op. cit.*, p. 52.
El peso argentino (peso papel) valía entonces unos 40 centavos de dólar, o 1 chelín y 10 peniques en moneda inglesa. Al igual que el dólar y la libra esterlina, nuestro peso tenía un poder adquisitivo enormemente mayor que el actual.

una especie de imán que seduce a todos. Con Madame entona canciones francesas.[4]

A partir del año 1914, el dúo se incorpora a la vida teatral de Buenos Aires haciendo "fines de fiesta" –contratados a veinte pesos por noche– y cantando piezas gauchescas en cuadros musicales que las requieran, lo cual es muy usual en este tiempo de auge del teatro con ambientes campesinos. Comienzan a alternar con figuras de las letras y la actuación. En el camarín de su protector Pablo Podestá, Carlitos conoce a Miguel Cané, a Manuel Láinez, a Mariano de Vedia, a Miguel Torquinst. La compañía Duchase-Alippi, presenta en el Teatro Nacional el vodevil de Hennequín, *El Paraíso*, y el dúo es contratado para actuar como "fin de fiesta".[5]

Su actuación es destacada por la crítica del diario *La Razón*:

"Se destaca la habilidad del acompañamiento de las guitarras, la entonación y la afinación de los cantores, la expresividad y el contraste de las dos voces: una de ricos matices (Gardel) y otra blanca (Razzano), que va marcando la línea melódica."

Por sus actuaciones, Carlitos se hace amigo de Elías Allippi, de Francisco Ducasse y de Florencio Parravicini. Los alegres faranduleros y los patricios desocupados se encuentran en los teatros y en el cabaret por su afición a las artes y a la diversión.

28 de junio de 1914. Estalla la Primera Guerra Mundial, el archiduque Francisco José es asesinado en Sarajevo. Carlos tiene 23 años. En su país natal están reclutando soldados. Francia movilizada hace circular hacia sus fronteras trenes militares que transportan batallones; figuras grises llenan las ventanillas, las portezuelas, los estribos...; otras, agolpadas en furgones de ganado, con sus ametralladoras enfundadas, van calladas, silenciosas, sombrías... Sus familiares de Toulouse han recibido una citación para que se incorpore al ejército. Doña Berta, angustiada por su familia, por sus hermanos convocados, por todos los jóvenes que van a morir, le dice: "¡Carlitos!... ¡hijo, por favor!... ¡hacé algo! La guerra es una cosa muy mala... muy mala".

El *Armenonville* le trae relaciones. El jefe de policía Cristino Benavídez le soluciona el problema que plantea su nacionalidad francesa frente al estallido de la guerra. Le consigue un documento que lo

[4] Leguisamo, Ireneo, *De punta a punta. Sesenta años en el turf*, Buenos Aires, Emecé, 1971, p. 175.
[5] Silva, Federico, *Op. cit.*, p. 35.

acredita como nacido en Tacuarembó, Uruguay. La cédula de inden-
tidad tiene su nombre artístico bajo el número 383.017. La fe de nacimiento se la proporciona "amistosamente" el cónsul de Uruguay en
Buenos Aires, Sr. Bernardo Milas. Gardel se aumenta tres años (dice
nacer en 1887) y, al adoptar la nacionalidad uruguaya, se salva de ser
declarado desertor (la ley francesa dicta prisión a los desertores hasta
los 40 años) y de hacer la *colimba*, por no haber elegido la nacionalidad argentina.[6]

En junio de 1915, el dúo actúa en Montevideo, con la compañía
de Enrique Arellano (*Teatro Royal* y *18 de julio*). El cartel dice así:
"Reaparición del dúo Gardel-Razzano"

En esa función usa por última vez el cuello palomita al que llaman "yuguillo". "Este yuguillo me tiene en *naca*", dice Carlitos, pa-
sándose el dedo por el cuello.

En agosto del mismo año, el buque *Infanta Isabel* los lleva a las
salas de San Pablo y de Río de Janeiro para realizar una temporada
con obras argentinas que presenta la Compañía Dramática Rioplatense, de Alfredo Duhau. En este viaje Gardel conoce a Enrico Caruso, que lo escucha cantar y lo cita en el salón del barco donde en-
saya *Ugonotti* a puertas cerradas. Allí le aconseja:

"Conserve la voz de barítono, es el mejor registro para el canto
popular. Usted pertenece a esa raza de cantantes que poco necesitan
estudiar para cantar bien, pero la voz hay que cuidarla mucho y saber
regular el aire."[7]

"Los artistas siembran sueños en los caminos del mar", le dice
Caruso. Gardel siempre lo va a recordar.[8]

Carlitos es afinado casi sin defecto, tiene un perfecto sentido de
la frase, sabe cómo estructurarla, dónde hallar la sílaba clave y acen-
tuarla, frasea expresivamente, es claro en los pasajes de vocalización,
tiene memoria musical y facilidad de emisión. Todo esto redunda en
que su voz resulte atractiva.

El letrista Enrique Dizeo comenta que una vez le cantó una melodía por teléfono y Gardel se la repitió de punta a cabo en el primer
ensayo. Su fraseo expresivo le hace acentuar las palabras o usar esa
"n" que suena como "r". Así oímos: *"Arrábal amargo, metido en mis*

---

[6] Macaggi, José Luis, *Op. cit.*, p. 157.
[7] García Jiménez, Francisco, *Op. cit.*, p. 91
[8] Orgambide, Pedro, *Op. cit.*, p. 52.

*venas... Yo nó quiero que nadie a mí me diga... Acáricia mi ersueño.....Si los car-
pos corversaran... Esa colorbina puso en sus ojeras...".* Esto de cambiar la "m"
o "n" por la "r" tiene que ver con la emisión del aire: si se dice "con-
versaran" en la "n" se plantea un corte; en cambio, en "corversaran"
la palabra sale sin interrupción. Los ojos abiertos, el bajar la cabeza
para hacer los agudos, la sonrisa y la boca entreabierta, todo esto redunda en una mejor regulación del aire. Su voz, de timbre baritonal
lírico, es de buena calidad y agradable al oído. No tiene una voz potente, sino estilo lírico, y a todo esto se debe agregar el sabor porteño,
su peculiar interpretación, su estilo personal y un amplio registro que
maneja con soltura, sin ninguna dificultad para realizar saltos de
notas y pasar de los graves a los agudos y viceversa.

El consejo de Caruso lo sigue al pie de la letra: su cuidado por
la voz y la técnica de emisión. Siempre toma clases y cuando las cosas
empiezan a irle bien comienza a viajar con su profesor de canto,
Eduardo Bonessi. También toma clases con María Antonieta Solveyra
de Lenhardson, soprano argentina de carrera internacional.

En el mes de noviembre de 1915, el "fin de fiesta" de la obra
Juan Moreira, de Eduardo Gutiérrez, es realizado por el dúo.

Gardel y Razzano se acompañan muy discretamente con sus guitarras. Ellos sueñan con un guitarrista experto e inspirado. Que se
luzca con ciertos efectos... y que los haga lucir a ellos. En el "fin de
fiesta" de *Juan Moreyra* descubren a José Ricardo. Se entienden inmediatamente gracias a la admiración que el guitarrero tiene por los cantores. Primero José Ricardo y luego Horacia Pettorossi se incorporan
como guitarristas.[9]

A esta obra siguen, *Santos Vega*, de Luis Bayón Herrera, y *Martín
Fierro*, de José González Castillo.

"Agresión al actor Carlos Gardel", presenta en sus titulares el diario *La Razón* con fecha del 13 de diciembre de 1915. Así es, al terminar la actuación en el Teatro San Martín, Gardel, junto a Elías Alippi
y a Carlos Morganti, deciden trasladarse al *Palais de Glace*, lugar
nocturno ubicado en las cercanías de la Recoleta, en donde se alterna
el tango con el champagne.

Carlitos ha cumplido 25 años. "¡Esto hay que festejarlo!", dicen
todos.

---

9 García Jiménez, Francisco, *Op. cit.*, pp. 105-107.

La noticia del diario dice así:

"Informamos el sábado sobre la agresión de que había sido víctima el actor de la compañía que actúa en el San Martín, señor Carlos Gardel. Según los datos suministrados por la policía, Gardel hallábase en el Palais de Glace departiendo tranquilamente con un compañero de profesión, cuando otros individuos que se hallaban también allí, comenzaron a hacerles blanco de bromas de mal género. Gardel y su compañero, viendo que éstas arreciaban y que envolvían un propósito agresivo, tomaron un automóvil en la puerta del establecimiento y dirigiéronse a Palermo. Pocas cuadras habían andado cuando al llegar a la esquina de Avenida Alvear y Agüero, el automóvil se detuvo debido a una 'panne' del motor. Cual no sería la sorpresa de Gardel y su acompañante al ver que segundos después llegaban hasta el sitio donde se hallaban, los mismos individuos que los habían molestado momentos antes y que ocupaban tres automóviles. Descendieron ellos también y renovaron el incidente en términos violentos. Ya cuando las vías del hecho eran inevitables, los dos actores resolvieron prepararse a todo evento. Gardel buscó en el bolsillo un arma u objeto con que repeler la agresión y fue en ese instante que uno de los atacantes le hizo un disparo de revólver a quema ropa, hiriéndolo en el costado izquierdo de la región toráxica. Inmediatamente los agresores se dieron a la fuga. Gardel, socorrido por su acompañante, fue llevado al consultorio general de la Asistencia Pública, donde se le practicó la primera cura, y luego conducido al Hospital Rawson donde está siendo asistido. Ahora bien, la policía ha logrado esclarecer la forma en que se desarrolló el hecho que coincide con los datos que consignamos más arriba. En cuanto a los autores de la agresión, se ha conseguido establecer que ella partió del joven Gregorio Gallegos Serna, siendo uno de sus compañeros, Roberto Guevara, quien hirió a Gardel y luego se dio a la fuga. La policía trabaja para dar con el paradero del heridor, hallándose ya detenido Gallegos Serna."

Éste es el relato oficial, pero hay otra historia que circula, historia que es acallada porque compromete a gente importante. Todo comienza un par de años atrás, exactamente el 28 de diciembre de 1913, cuando Pancho Taurel y otros importantes personajes invitan al dúo a cantar en la fiesta que se realiza en lo de Madame Jeanne, la hermosa Ritana que dirige la casa de "reuniones alegres". Esa noche la fiesta está en su apogeo; comida excelente, bebidas de lo mejor, amables mujeres, algunos tangos bailados para afianzar la transgresión, y cantos y guitarras criollas del dúo que enloquece a los "señores de la noche". Deciden seguirla en el *Armenonville*. La Ritana se aproxima a Gardel y le sugiere que deje su guitarra, que le va a resultar incómodo ir al *Armenonville* con el instrumento, que no queda bien que aparezca en ese lugar tan *bacán* con su guitarra a cuestas. "Después, puede pasar a buscarla cuando quiera", le dice al oído. Gardel atiende la sugerencia, deja su guitarra y al día siguiente pasa a buscarla. La "viola" se transforma en el pretexto para un encuentro.

La Ritana es la mujer de Juan Garessio, un personaje de la noche, dueño de uno de los cabarets más famosos de Buenos Aires: el *Chantecler*, en Paraná 440. Garessio se entera de los encuentros secretos del cantor con su mujer, y decide vengarse y darle un escarmiento.

Es un 11 de diciembre de 1915, Gardel cumple 25 años. Luego del "fin de fiesta" en el Teatro San Martín, Gardel y sus amigos, Elías Alippi, Carlos Morganti, Pepito Petray, Pancho Martino, Abelenda, de Ferrari, deciden festejar la fecha tomando una copa en el *Palais de Glace*. Al rato, salen dispuestos a continuarla en el *Armenonville*. En la vereda, aparecen Garessio y su grupo, y aquél increpa al cantor. Alippi y el resto se interponen ensayando explicaciones para calmar los ánimos. Los amigos empujan a Gardel y a Alippi, a un automóvil de alquiler para que se suban a él y desaparezcan. Garessio parte tras el automóvil, con su banda, en tres autos. En la esquina de Alvear (hoy Libertador) y Agüero interceptan el coche y comienzan otra vez los insultos y los amagos de trompadas. Todos bajan de los automóviles y del sector de Garessio sale un disparo. Gardel cae herido. Lo demás es noticia conocida: recurren a la Asistencia Pública, luego es derivado al Hospital.

La bala, inaccesible para la cirugía, queda alojada en el pulmón izquierdo. Interviene gente importante como Alberto Barceló, que a través de Juan Ruggiero, su mano derecha, le hace llegar una advertencia a Garessio: "que no se meta con el cantor".

–Madame Jeanne es sólo una amiga y con unos tiros no me van a intimidar– dice Gardel.

Los amigos del Morocho lo persuaden para que deponga su insistencia de seguir viendo a la Ritana. De este modo, se pone fin al episodio. Ni Gallegos Serna, ni Guevara quedan detenidos. Las acciones policiales y judiciales son suspendidas.

Carlos se repone de la herida. Doña Berta lo cuida sentada en una silla de metal al costado de la cama. Su vida es su trabajo y ese hijo que tantas preocupaciones le trae. Después de Laserre, nunca más un hombre. Sólo su hijo y ella.

Totalmente restablecido, Gardel reaparece en los escenarios el 3 de febrero de 1916. Ese verano el dúo debuta en el muy exclusivo *Club Pueyrredón* de Mar del Plata, ese gran balneario al cual la sociedad porteña se traslada durante los calurosos meses del verano. Hace tres años que ha desaparecido la rambla de madera dando paso a la de material –paradigma del estilo francés que se quiere imponer al balneario– con sus airosas cúpulas. Los más conocidos apellidos de la oligarquía están registrados en el libro de entradas del Hotel Bristol. "Tenemos que construir aquí nuestra Biarritz", se dice.

Para el Centenario de la Independencia visitan Buenos Aires los escritores españoles Eduardo Marquina y José Ortega y Munilla, con su hijo José Ortega y Gasset. Para esta oportunidad Gardel recibe la siguiente invitación:

Señor Carlos Gardel:

Estimado amigo: En el Círculo de la Prensa se realizará el próximo domingo a las 9 de la noche una recepción en honor de los intelectuales españoles Ortega y Gasset, Ortega y Munilla y Eduardo Marquina. En el deseo de brindarles un número nacional, y tratándose de un centro de periodistas, me permito solicitar su gentil concurso y el de su compañero Razzano para que puedan ser juzgados y apreciados por éstas personalidades. Hágole este pedido amparado en nuestra amistad de Mar del Plata e invitándolo a aceptarlo en nombre del Círculo de la Prensa. Le ruego haga llegar hasta el señor Razzano esta misma solicitud y quiera contestarme mañana para hacer en los diarios el anuncio correspondiente. Muy agradecido a su gentileza, me despido de Ud atte y S.S. José Quesada, secretario del Círculo de la Prensa. 18 de agosto de 1916.

Gardel-Razzano actúan en el agasajo oficial. En octubre, se incorporan a los *varietés* del Teatro Esmeralda (hoy Maipo); y el 9 de abril de 1917, el dúo registra su primer disco con la empresa *Columbia* en un caserón que los Glücksman tienen al lado del hotel *Savoy*, en la calle Cangallo (hoy Perón), cerca de la esquina de Callao[10]. Cuando a las dos semanas pasan por el estudio para escuchar la grabación, Carlos tiene la sensación de estar viviendo un milagro. No lo puede explicar. Ansioso, escucha su voz que emerge desde los surcos de esa esfera negra que gira lentamente, y con los ojos humedecidos por la emoción, dice: "¡lo logré!... ¡Está fabuloso!... ¡Y lo hice yo!..."

---

[10] Collier, Simón, *Op. cit.*, p. 66.

Su incursión por el cine –para colmo mudo– con la película *Flor de Durazno,* del libro de Hugo Wast, resulta un fiasco. La filma en los meses de mayo, junio y julio de 1917. Vestido de marinero, pidiendo excusas de amor al seducido personaje que juega Ilde Pirovano, pálido y excedido de peso, resulta imposible imaginar que es el seductor arrepentido. Cuando se ve, se espanta: "Lo mío es el canto... y a mejorar la *pinta*".[11]

Decide encarar el problema de su sobrepeso, tiene tendencia a engordar y él sabe que el aspecto gravita en buena medida en su profesión de artista. Ingresa a la YMCA (Asociación Cristiana de Jóvenes), en cuyo local de la calle Paseo Colón 161, concurre a realizar periódicas sesiones de gimnasia. En horas del mediodía, toma clases de gimnasia sueca, calistenia y poleas. Después del baño, se somete a un férreo masaje con el kinesiólogo Enrique Pascual. Todo lo aguanta en aras de su línea, aunque muchas veces se lo ve buscar amparo en *La Sonámbula,* un restaurante de La Recova, en Plaza de Mayo. Él mismo se ríe de sus esfuerzos de deportista y de su tendencia a violar la disciplina impuesta.[12]

Gardel termina fabricándose una imagen de hombre delgado y esbelto, como requiere su carrera artística, sobre todo cuando comienza a filmar. Le encanta comer y beber y detesta hacer ejercicio físico, odia la gimnasia organizada, pero se sacrifica y cumple con ella. Es noctámbulo, nunca quiere ir a dormir. Prefiere quedarse levantado charlando, jugando al billar o cantando. La música es tan importante en su vida como el aire... la necesita para respirar.

El Morocho comienza a cambiar: deja gestos y ademanes de *compadrito* de barrio, y aprende buenos modales y palabras decentes. Tiene esa forma de hablar franca, suave y directa del porteño. En el escenario actúa en forma elegante y señorial, como corresponde a una persona de alcurnia. Posee una buena personalidad, presencia en escena, es inteligente, tiene instinto dramático expresivo y una buena imaginación. Posee un gran señorío, un gran don de gentes, una aptitud sin igual para ser señor entre los señores y reo entre los reos. Capaz de entregarse sin reservas a los amigos y de ser displicente, sobrador y desconfiado con aquellos a quienes no da su amistad ("no hay que avivar a los giles"). Es minucioso y per-

---

11 Matamoro, Blas, *Op. cit.,* p. 40.
12 Morena, Miguel Ángel, *Op. cit.,* p. 70.

feccionista para preparar su repertorio y sus actuaciones. Tiene todas las condiciones para hacer una excelente evolución. Una agudísima intuición detiene a Gardel en el límite exacto en que el dolor o el sarcasmo podrían desbarrancarse hacia un histrionismo barato. Así opinan todos los empresarios que lo escuchan. Madame Berthe lo ha educado bien.

4
En la *timba* de la vida, me planté con siete y medio

Percanta que me amuraste
en lo mejor de mi vida
dejándome el alma herida
y espinas en el corazón.
Sabiendo que te quería
que vos eras mi alegría
y mi sueño abrasador
para mí ya no hay consuelo
y por eso me encurdelo
pa' olvidarme de tu amor.

S. Castriota-P. Contursi, *Mi noche triste, 1917*

El tango argentino nace aproximadamente diez años antes que Carlos Gardel (1880). Se asocian sus inicios con el distrito conocido como Corrales Viejos (hoy Parque Patricios), un arrabal de la franja sur de Buenos Aires, donde hasta 1903 estaba situado el Matadero Municipal. Su origen social es pobre, marginal y hasta delictivo. Por esta razón es repudiado; "ese reptil del lupanar", lo define Leopoldo Lugones. El tango canción todavía no existe cuando Gardel y Razano irrumpen en la escena porteña, el tango es sólo una danza vedada a las clases cultas. En algunas esquinas orilleras, cuando pasa el organito crepuscular, el baile se hace en la calle misma.[1]

Dice Germinal Nogués:
"*... pintoresco y sorpresivo se pasea por el barrio de Balvanera, o por Florida y Lavalle el organito. El instrumento suena cuando su dueño gira una manija. Al final de la melodía, el organillero pide por 50 centavos a Teresita o Consuelo –las dos cotorras– una tarjeta de la suerte...*"

---

[1] Collier, Simón, *Op. cit.*, p. 74.

"Melancólica imagen del último organito... volverás por los antiguos callejones de barro cada vez que los tangos recuerden el arrabal perdido y renazcan los hombres y las cosas muertas en el milagro de la creación..." (Acho Manzi)

A los *compadritos* se los ve, a cualquier hora del día, hacer figuras difíciles en las veredas. Los pibes, que dada su edad, no pueden hacer de bailarines, se dedican a admirar a esos hombres que sin haber pisado un taller, gozan y viven la mejor de las vidas, porque tienen una madre lavandera o planchadora que les asegura el puchero. Igual que los cantores, y Gardel entre ellos, con la única diferencia de que éste tiene un talento fuera de lo común y por eso triunfa.

No vayas al puerto, te podés tentar
hay mucho laburo, te rompés el lomo
y no es de hombre pierna ir a trabajar

Y el tango deja las calles... y una noche se encienden los farolitos de colores del local de Hansen –restaurante fundado por el alemán Johann Hansen en 1875, y alquilado en 1903 por Anselmo Tarana– y allí suena un tango. De día es restaurante familiar y de noche un auténtico club de baile. Otra noche sucede lo mismo en *El Tambito*, luego en *La casa de Laura* (Calle Europa, hoy Carlos Calvo); en la de *la Vasca* (calle Córdoba); en el salón de la calle Chile; en el de Rodríguez Peña. Se van entreverando las *patotas* de muchachos ricos con los *compadritos* del arrabal, armándose las consabidas grescas.[2]

El 25 de diciembre de 1905 nace entre las mesas de un bodegón de Lavalle y Reconquista (*Lo de Ronchetti*) –a pedido de una bailarina y tiple, Lola Candales– el tango *La Morocha*. Angel Gregorio Villoldo coloca música a los versos de Enrique Saborido. Esa misma noche lo canta la Candales, rodeada de malevos conmovidos que solicitan ruidosamente el bis. Al año siguiente se imprime en la *Casa Rivarola*.

Las puertas de los hogares se siguen cerrando a la sola mención del tango como danza, pero poco a poco se entreabren para su melodía y a ésta muy especial que parece un hilo de agua fresca con sabor a ingenuidad... el campo, la dulzura, el gaucho, el lenguaje campero...

Yo soy la morocha
la más agraciada

---

[2] García Jiménez, *Op. cit.*, p. 166.

la más renombrada
de esta población...[3]

Cantan las niñas, cantan las madres, y en la tertulia casera después de haberse escuchado el *Nocturno a Rosario*: *"De noche cuando pongo las sienes en la almohada..."*, la hija coloca *La Morocha,* de Enrique Saborido, en el atril del piano.

La Fragata Sarmiento lleva a bordo cinco mil ejemplares de este tema, así como también de *El Choclo* de Angel Villoldo, dejando acordes porteños en cada puerto del mundo.

Algún tiempo después aparece *Cuidado con los 50,* que es una letra de protesta a un edicto judicial que prohíbe el "piropo". Quizá excesivamente castas, las damas se sienten ofendidas ante el halago varonil, a veces procaz. Surge así, como respuesta institucional, un claro vicio argentino: prohibir lo imposible. Este torpe y casi cómico intento, castiga al "piropeador" con una multa de $ 50. ¡Toda una fortuna para la época!

Una ordenanza sobre la moral
decretó la Dirección Policial
y por la que el hombre se debe abstener
de decir palabras dulces a una mujer.
Cuando a nosotros nos vean venir
ni un piropo nos podrán decir
se alegrarán tan solo con mirar
por lo que pudiera pasar.
¡Chitón!... ¡no hablar!
porque si no cincuenta
les pueden hacer pagar...[4]

Este tango es una de las primeras letras que se conocen para ser cantadas a ritmo de la música ciudadana, pero resulta muy difícil fuera de *La Morocha* encontrar un tango cuyos versos sean aceptados por la sociedad porteña. Las niñas de este tiempo concurren a bailes en los que el vals y la mazurca son los ritmos que se danzan.

---

[3] Benedetti, Héctor Ángel, *Op. cit.*, p. 285. *La Morocha* (tango) (Letra de Angel Villoldo. Música de Enrique Saborido).
[4] Ostuni, Ricardo, *Viaje al corazón del tango*, Buenos Aires, Ediciones Lumière, 2000, p. 66.

Es la noche del domingo 14 de octubre de 1917, hay poca gente por las calles de Buenos Aires. Un estado de tristeza se ha desplomado sobre la ciudad. Ese día la selección de fútbol de Argentina ha perdido con Uruguay por 1 a 0. Se trataba la final de la Copa Sudamericana. Gardel canta en el Teatro Esmeralda. Enfrenta la raleada platea, se planta ante el público, y dice:

–Y ahora, para levantar un poco el ánimo, voy a cantar un tango. Espero que les guste...

Y arranca con *Mi noche triste*, acompañado por la guitarra de Razzano y del "Negro" José Ricardo. Es el bautismo del cancionero ciudadano. Las estrofas, que se pulen en el tono patinado y nostalgioso del cantor, ganan la emoción del público y logran el milagro de ser poesía. Rescata del tango su intimidad en un diálogo personal con el que escucha, como si fuera uno y único, y le imprime esa vocación confidencial irrenunciable del tango canción.[5]

Percanta que me amuraste
en lo mejor de mi vida
dejándome el alma herida
y espinas en el corazón
¡sabiendo que te quería
que vos eras mi alegría
y mi sueño abrasador!
Para mí ya no hay consuelo
y por eso me encurdelo
pa' olvidarme de tu amor.

¡Y si vieras la catrera
cómo se pone cabrera
cuando no nos ve a los dos!

¡Y la lámpara del cuarto
también tu ausencia ha sentido
porque su luz no ha querido
mi noche triste alumbrar![6]

5 García Jiménez, Francisco, *Op. cit.*, pp. 174-175.
6 Russo, Juan Ángel, *Letras de Tango*, Buenos Aires, Ediciones Basilico, 1999, p. 18. *Mi noche triste* (tango) (Letra de Pascual Contursi. Música de Samuel Castriota).

Este tango nace una noche de la pluma de Pascual Contursi en la esquina de San Juan y Pasco, cuando en el café *El Protegido* un trío formado por Samuel Castriota en piano, Antonio Gutman en bandoneón y Atilio Lombardo en violín ejecutan un tango de la autoría de Castriota llamado *Lita*. Pascual Contursi, poeta, cantor y guitarrero, nacido en Chivilcoy en 1888, se cría en el barrio de San Cristóbal. Trabaja en una zapatería, pero el teatro y la vida nocturna es lo que más le interesa. Está obsesionado con la idea de combinar melodías de tango con letras adecuadas. Se va a vivir a Montevideo, y en el cabaret *Royal*, conoce a Gardel y Razzano y les hace participar de su idea. Es el año 1915. Tiene varias letras escritas pero no han despertado ningún interés, hasta que esa noche escucha el tango instrumental de Samuel Castriota.

Contursi le pone letra al tango llamado *Lita* y lo rebautiza *Percanta que me amuraste*. Le acerca el tema a Gardel, aunque Castriota no quiere saber nada con los versos del poeta. Carlos hace de mediador y sugiere el título *Mi noche triste*, como dice el último verso de la canción. Ambos terminan aceptando. El tango es grabado por Gardel, pero el éxito aparece luego de que Margarita Poli lo canta acompañada por la orquesta de Roberto Firpo, en un cuadro del sainete de González Castillo y Alberto Weissbach *Los dientes del perro*, el 26 de abril de 1918 en el teatro Buenos Aires. En el argumento de la obra, la danza popular es el oprobio de María Esther, una humilde empleada doméstica cuyo mayor delito consiste en haberla bailado. Es un éxito rotundo, el espaldarazo que necesitaba este tema.

Pascual Contursi es uno de los primeros letristas de tango. Su última obra es *Bandoneón Arrabalero*. Lo escribe estando en Francia, y antes de enfermarse de una demencia precoz, que lo obliga a retornar a Buenos Aires –viaje gestionado por Gardel–.

Mi noche triste marca el ingreso de Gardel como cantor de tangos y también el ingreso del tango-canción. Y esta proeza, la de engendrar un nuevo tango, de refinar, de poetizar, de enaltecer al "tango lupanario", es obra de Pascual Contursi, el creador de la lírica *lunfardesca* y de Carlos Gardel. Y así como Evaristo Carriego pintó al barrio en su poesía, Contursi descubrió el suburbio para el tango. Es la primera vez que una letra habla del abandono de la mujer amada, de la intimidad y la tristeza, o sea una historia cotidiana de ambiente porteño real, contada en el lenguaje del mismo ambiente. Ya no es el tango alegre y bárbaro de los burdeles; esa música rápida, juguetona, que parece el único acompañamiento posible de los duelos a cuchillo;

música propia de guapos y *malandras* de oscuros orígenes, mixtura de viejas habaneras, candombes de negros, cuplés madrileños y milongas de los campos rioplatenses, cuyo personaje es el ostentoso *compadrito* de los días de Villoldo, alegre, zafado, dicharachero, el porteño nato: bravucón, suelto de boca, figurón, despreciativo para todo aquello que no sea propio de Buenos Aires, socarrón, irónico y cachador, pero al mismo tiempo trabajador eficaz, aguantador, callado y no dado a las manifestaciones que lo pongan en evidencia por estas condiciones. En él se han decantado y sublimado la herencia itálica de los gestos ampulosos y la palabra alta; la herencia hispana de estar rodeado de mujeres al alcance de la mano y la herencia de la tierra al ser hospitalario y amigo, solidario en el desprendimiento –estas últimas condiciones refrenadas para que no lo tomen por *gil*–.

> *¡Soy potro! Y lo van a ver*
> *si me buscan las cosquiyas.*
> *Me gustaría saber*
> *qué opinan los cajetiyas...*

Y el tango lo representa, es nocturno, amoral, compadre, tolerante con el crimen. Divide a las mujeres entre la madre y las putas y a los hombres entre trabajadores y rufianes. Simplemente piensa que *la vida es un herida absurda,* que Dios es grande, pero se equivocó. La esencia del tango es más bien *canaille,* nocturno, adúltero, rufianesco, curioso de abismos y soledades sin remedio. Bien lo dice *El Porteñito* de Angel Villoldo:

> *...Y al hacerle la encarada*
> *la fileo de cuerpo entero*
> *asegurando el puchero*
> *con el vento que dará...*
>
> *Y como caído del cielo*
> *entra el níquel al bolsillo*
> *y al compás del organillo*
> *bailo un tango a su salú...*

Al volverse canción se transforma en el canto dolorido del hombre del suburbio, un canto dolorido por la ausencia del amor, por la soledad. El *cafisho* abandonado por la *mina* que lo mantiene da lugar a la larga serie de versos que relata *Mi noche triste*. Es un bello duelo

en que el hombre pasa revista a las cosas que un día compartió con
la mujer amada y que ya no tienen sentido ante su ausencia: la lámpara del cuarto, el mate con bizcochitos, el espejo empañado, la *ca-*
trera que se pone *cabrera*, los frasquitos adornados con moñitos y el
retrato de la ausente. Es la balada del reproche conmovido. Es el desprendimiento doloroso de un tiempo que se percibe como pasado, y
el sentimiento de incertidumbre por el porvenir... "Si uno canta una
historia de amor, canta todas las historias", dice Gardel. Carlitos
canta a la ciudad que nace, mientras está naciendo.

Esta noche me emborracho es la tragedia del hombre que siente (*flaca,*
fané y descangayada / la vi esta madrugada / salir del cabaret); *Qué vachaché,*
la del hombre que piensa (*No puedo más pasarla sin comida / y oírte así*
decir tanta pavada); *Chorra,* la del hombre que cree (*Chorra / me afanaste*
hasta el amor...).

Mi noche triste es grabada en 1918, y alcanza de inmediato tiradas
fantásticas. El éxito logrado decide a Gardel a entregarse, ya para
siempre, a cultivar el tango canción y sólo de manera accesoria o es-
porádica, incursionar en otros géneros. El renombre de este tango
también trajo al Esmeralda a un violinista de diecisiete años que entonces tocaba en la orquesta típica de Eduardo Arolas. Se trata de
Julio de Caro, quien sería uno de los más grandes directores de orquestas de tango.

También tiene letra y música de Pascual Contursi otro tango grabado por Gardel, *Flor de fango,* ése que dice:

> *Mina que te manyo de hace rato*
> *perdoname si te bato*
> *de que yo te vi nacer..*
> *tu cuna fue un conventillo,*
> *alumbrao a querosén.*

> *Fuiste papusa del fango*
> *y las delicias del tango*
> *te espiantaron del bulín*
> *los amigos te engrupieron*
> *y ellos mismos te perdieron*
> *noche a noche en el festín.*[7]

---

[7] Russo, Juan Ángel, *Op. cit.*, pp. 24-25. *Flor de fango* (tango) (Letra de Pascual Contursi.
Música de Augusto Alberto Gentile).

Es el retrato de una pobre muchachita que se extravía en una vida de tangos, hombres y champagne. Este tango es estrenado el 29 de junio de 1919 en el sainete *Cabaret Montmartre*, de Alberto Novión, y puesto en escena en el Teatro Nacional[8]. Contursi lo escribe sobre la música de un tango instrumental de Gentile, llamado *El desalojo*.

Aparece Celedonio Flores, "el Cele", nacido en el barrio de Congreso, pero conocido como el poeta de Villa Crespo, lugar donde pasó la adolescencia y la juventud. Petiso, regordete, poeta y boxeador aficionado. Le muestra a Gardel una letra.

–Che, pibe, ¿esto lo escribió tu tío?

–No, yo– le contesta el muchacho avergonzado.

El Cele está influenciado por la llamada generación del Centenario, hijos literarios de Rubén Darío y lectores de Baudelaire. A Gardel le gusta. Lo pone bajo su ala protectora. El Cele lo llama *Por la pinta* y recibe un premio de cinco pesos en un concurso semanal organizado por el diario porteño *Última Hora*. Gardel le insiste a su guitarrista Jorge "el Negro" Ricardo que le ponga música. Celedonio le cuenta: "lo escribí uno de esos días en que estaba bien seco, uno de esos días en que uno sueña con la lotería sin tener el billete y me abrí de la parada elegante y escribí *Por la pinta* o *Margot*, como lo llamó Carlitos."[9]

Desde lejos se te embroca pelandruna abacanada
que has nacido en la miseria de un cuartucho de arrabal
porque hay algo que te vende, yo no sé si es la mirada
la manera de sentarte, de charlar, de estar parada,
o ese cuerpo acostumbrado a las pilchas de percal.
Yo me acuerdo no tenías casi nada pa' ponerte
hoy usás ajuar de seda con rositas rococó...
¡Me revienta tu presencia, pagaría por no verte!
Si hasta el nombre te has cambiado
como ha cambiado tu suerte:
Ya no sos mi Margarita, ahora te llaman Margot.[10]

---

[8] Morena, Miguel Ángel, *Op. cit.*, p. 61.
[9] Orgambide, Pedro, *Op. cit.*, pp. 68-69.
[10] Benedetti, Héctor Ángel, *Op. cit.*, pp. 247-248. *Margot* (tango) (Letra de Celedonio Flores. Música de José Ricardo). Sin la música, el poema se llamó *Por la pinta*; también se lo conoció como *Vos rodaste por tu culpa*.

El Cele le muestra otra letra: *Mano a mano.*

Rechiflao en mi tristeza, hoy te evoco y veo que has sido
en mi pobre vida paria sólo una buena mujer
tu presencia de bacana puso calor en mi nido
fuiste buena y consecuente y yo sé que me has querido
como no quisiste a nadie, como no podrás querer

Hoy tenés el mate lleno de infelices ilusiones
te engrupieron los otarios, las amigas, el gavión

Nada debo agradecerte, mano a mano hemos quedado
no me importa lo que has hecho, lo que hacés, ni lo que harás
los favores recibidos creo habértelos pagado
y si alguna deuda chica sin querer se te ha olvidado
en la cuenta del otario que tenés se la cargás...[11]

Carlitos queda entusiamado con los versos, y junto con Razzano le ponen música. Desde ese día se hacen íntimos amigos. Gardel graba esas canciones. Los encuentros se realizan en el estudio de Glücksman en los altos del cine *Gran Splendid.* También allí se encuentra con Francisco Canaro, director de una orquesta de tangos, y con Azucena Maizani, considerada una excelente vocalista femenina.

El Morocho es casi un *dandy.* Usa *smocking,* fuma tabaco inglés; pero no traga el humo porque cuida su garganta: "fumo de grupo", dice. Alterna en su conversación palabras en francés y mira a las mujeres a los ojos. Ha adelgazado, la gimnasia y la dieta han dado sus resultados. Su sonrisa, su porte varonil, y un gesto de desgano como quien anda de paso por la vida le confieren una actitud seductora. Cuando enuncia en la letra de un tango la infidelidad de una mujer y la pena de vivir entre recuerdos, adopta un gesto grave y taciturno, la cabeza engominada cae levemente hacia el hombro derecho. Y canta... y con el canto va engarzando historias... y le canta al amor en sus múltiples pliegues y repliegues de ilusiones y oscuros sortilegios... *"Y por qué me abandonaste / sin decirme la razón / y sin ver que el corazón / poco a poco destrozaste"...* hace evocar la experiencia de amar, y

---

[11] Russo, Juan Ángel, *Op. cit.,* p. 26-27. *Mano a mano* (tango) (Letra de Celedonio Flores. Música de Gardel-Razzano).

el amor se confunde con la desdicha... *"la tenía muy mimada / por lo elegante y bonita / por eso la muchachada / la llamaba muñequita / probé la fruta
prohibida / probé el encanto de amarla / ahora dónde estará"* ... y con el tono
desafiante y acongojado de quien ha perdido su identidad, entona:

> *¡Decí, por Dios, qué me has dao
> que estoy tan cambiao!...
> ¡no sé más quién soy!...
> El malevaje extrañao
> me mira sin comprender.
> Me ve perdiendo el cartel
> de guapo que ayer
> brillaba en la acción...
> No ve que estoy embretao
> vencido y maniao
> en tu corazón.*[12]

A Gardel le sobran elementos para ser estrella de tango. Lo
mismo que el tango, él viene de abajo y quiere ocultar su pasado. El
hombre del suburbio de ayer ha pasado a ser criatura mimada en los
salones de hoy. De ahí su obsesión por cuidar su aspecto hasta el último detalle. La *pinta* de Carlitos. Es un hombre de la noche –vestido
con su smocking, pálido, engominado, con su eterna sonrisa–, parece
no haber visto nunca la luz del día. En su dedo meñique de la mano
izquierda lleva un anillo de piedra giratoria con el que juguetea cons-
tantemente. El bastón es una moda arraigada entre los elegantes de
1925. Él compra uno de los mejores, con virola y extremo de mango
de oro. Lo usa durante un tiempo.

Su novia, Margarita, se cansó de esperarlo sentada en el patio de
la casa, bajo el parral. "Por suerte se casó con un boticario de Caba-
llito", comenta Carlos a sus amigos[13]. Él no está para sostener compromisos afectivos. Lo *copa* el tango, la noche, la muchachada. Ínti-
mamente solitario, busca las grandes reuniones en las cuales hace
chistes a todo el mundo, pero de pronto se abisma en un silencio im-

---

[12] Russo, Juan Ángel, *Op. cit.*, pp. 94-95. *Malevaje* (tango) (Letra de Enrique Santos Discépolo. Música de Juan de Dios Filiberto).
Este encuentro marcó el fin de una amistad: a Filiberto nunca le gustó la letra, y se alejó
de Discepolín
[13] Orgambide, Pedro, *Op. cit.*, p. 63.

penetrable. Tolera mal su soledad, se siente profundamente solo y este aislamiento lo vive como una inhibición afectiva. Carlos es en realidad un hombre tortuoso, retraído y contemplativo, atenazado por una oscura tristeza y víctima fácil del abatimiento. Lleva la orfandad en la cara, en el alma y en los ojos tristes... aunque siempre sonríe... Tiene una imperiosa necesidad de sentirse querido, por eso su generosidad ilimitada y la permanente búsqueda de compañía. Una anécdota ilustra esta forma de mirar la vida que tiene Carlitos.

Una noche en el *Café de los Angelitos* en donde se arman esas largas mesas que Gardel paga, un comensal está cenando callado, sin hablar con nadie. Aprovecha para comer "de arriba". Los amigos se lo señalan a Gardel.

–¡Mirá el "vivo" ése! Viene todas las noches, come y no da bolilla a nadie.

–¡Dejalo! –responde Carlitos– A ése le va a pasar lo peor que le puede pasar a un tipo: va a terminar comiendo sólo.[14]

Gardel tiene un gran temor a la soledad. No tolera estar solo y muchas veces engancha a cualquiera para que lo acompañe hasta su casa, si por una de esas casualidades se queda sin algún integrante de la barra que siempre lo escolta.

El amor, el barrio, los amigos, la tristeza, el café, los *burros*, el fútbol, las mujeres –las buenas y las malas–, Buenos Aires, la nostalgia, el engaño y la traición, las *grelas* de medio pelo y las pensiones baratas son contadas y cantadas por el tango. El centro y el cabaret son lugares de perdición que envuelven a las gentes humildes y virtuosas. Personajes siniestros acechan a las *milonguitas* venidas del arrabal. Los rufianes, los vividores, los *bacanes* viciosos y deteriorados –*blanca la testa, muerto el corazón*– las mujeres corrompidas que venden su cuerpo por unas monedas, las cortesanas decadentes –arruinadas para su oficio de venderse–, mendigando u ofreciendo flores a la clientela.[15]

El cabaret es el escenario que protagoniza la expresión social y musical del tango. Local de mesa, mostrador y baile, de tono y precio *copetudo*, el cabaret abre sus puertas a la cadencia del *arrabal*, la suaviza y la transfiere a los sectores pudientes de la sociedad. El *Chantecler*, el *Royal Pigalle* –que después se llamó *Ta-Ba-Ris*, bajo la conducción de Luis Trilla–; los locales mayores: *Palais de Glace, Armenonville* y *Les*

---

[14] Revista *Gente y la actualidad, Op. cit.*, p. 62.
[15] Matamoro, Blas, *Op. cit.*, pp. 74-75.

Ambassadeurs, nuclean a los bailarines. Lo habitan el *patotero sentimental* de Manuel Romero y las pobres *milonguitas* de *Flor de noche y cabaret*. Se come la mejor comida bajo el cetro de la cocina francesa, porque se trata de satisfacer la ilusión de París en una calle de Buenos Aires.

Gardel incorpora nuevos temas: *Ivette, Carne de cabaret, Muñequita, Milonguita, Pobre paica* –que luego llaman *El Motivo*–. Actúa en el *Empire* (Corrientes y Maipú), en el *Teatro Nuevo*, en el *Argentino*, en el *Comedia*... Se muda con su madre a un departamento en Rodríguez Peña 451. Doña Berta ya no trabaja más, su hijo la mantiene. Siguen las giras por los pueblos del interior.

1918. Este año suceden dos hechos importantes: es la primera vez que nieva en Buenos Aires y, el 11 de noviembre, una salva de cañonazos saluda la firma del armisticio que pone término a la Primera Guerra Mundial.

En octubre de este año, el dúo hace cinco presentaciones en el *Cine-teatro París* de Necochea. Antes de ausentarse de esa ciudad pasan tres días de descanso en la estancia *San Martín,* de Eustaquio Martínez de Hoz, invitados por su dueño. Él es un admirador del dúo.[16]

El 12 de agosto de 1919, se realiza un homenaje al actor Pablo Podestá –que se encuentra internado, víctima de un desequilibrio psíquico– en el teatro *Avenida*. Lo organiza la Asociación Argentina de Actores. Nada más justo: el teatro argentino no ha visto mayor artista que Pablo Podestá. Su actuación en un sinfín de papeles es de un gran vigor y una gran intensidad. Poco tiempo después, Gardel y Razzano van a visitarlo a la casa de salud (la clínica del Dr. Gonzalo Bosch) donde está recluido. Los acompañan Pepe y Antonio Podestá, los hermanos. Pablo está sentado en un largo banco de madera, inclinado hacia adelante con la cabeza baja. Clava sus ojos en Gardel y, en un momento de lucidez, lo reconoce y le pide que cante. Carlos muy conmocionado entona *Amargura*. Pablo pide su violoncello y lo acompaña. Un momento de mucha emoción con ese querido amigo, casi una figura paterna para Carlitos, presente en su vida desde la infancia y puntal de sus primeros triunfos. La desazón lo invade, y al final de la canción no puede contener las lágrimas, mientras lo abraza con ternura.[17]

---

[16] Morena, Miguel Ángel, *Op. cit.*, pp. 59-60.
[17] Collier, Simón, *Op. cit.*, p. 83.

5

Por un mirar que ruega

Por un mirar que ruega
perder la quietud
muchachitas sonrientes
que juran virtud
es una boca loca
la que hoy me provoca
hay un collar de amores
en mi juventud.

Alfredo Le Pera-Carlos Gardel, *Amores de estudiante,* 1933

En octubre de 1920, Gardel queda formalmente registrado como uruguayo en el consulado de ese país y el 7 de marzo de 1923 solicita su naturalización como ciudadano argentino. Esta década es la cúspide del movimiento del espectáculo. Todo crece: el número de representaciones, el número de teatros, la asistencia del público a las salas, los espacios consagrados a la actividad artística en diarios y revistas[1]. Aparece la crítica especializada, con Edmundo Guibourg –el "Pucho"– a la cabeza, el gran amigo de Gardel. Este crítico teatral y periodista escribe crónicas artísticas consideradas magistrales por sus colegas. Carlos y él son amigos desde la infancia; ambos del barrio del Abasto, se conocen desde 1906. Los dos son hijos de franceses.

La actividad artística se encuentra en plena expansión. Hay salas nuevas y salas remozadas –del *Apolo* y el *Nacional* a los "recién venidos", el *Porteño* y el *Cómico*– a la vez que crece la especialización. Armando Discépolo escribe sus célebres grotescos, espiando en la pieza del inmigrante, en el interior de la nacionalidad argentina adquirida e irreversible. A la gracia y la picardía de la zarzuela la sustituyen los

---

[1] Pujol, Sergio, *Valentino en Buenos Aires. Los años veinte y el espectáculo*, Buenos Aires, Emecé, 1994, p. 25.

pesares del tango canción. La hondura de los Discépolo, Armando en el sainete y Enrique en la letra de sus tangos, es el salto adelante.[2]

¿Qué "sapa", Señor,
que todo es demencia?
Los chicos ya nacen
por correspondencia
y asoman del sobre sabiendo afanar...[3]

El país ha cambiado, ha dejado de ser una nación gobernada por un régimen cerradamente oligárquico; el líder radical Hipólito Yrigoyen ha llegado al poder gracias a la Ley Saenz Peña, que instauraba el voto secreto y obligatorio. Ya los nombres patricios, los apellidos tradicionales no figuran en las listas de los que conducen el gobierno; en cambio, hijos y nietos de inmigrantes, portadores de títulos universitarios, aparecen en diarios y revistas, y los resultados del aluvión inmigratorio comienzan a mostrar la realidad de un país diferente del que habían imaginado los teóricos de la generación del ochenta.

La mujer se vuelve hacia el arquetipo de la *garçonne*. Acorta su cabello, sus mangas y sus polleras. Comienza a fumar y a beber en público, aprende a manejar automóviles. Su silueta se vuelve ligera y de líneas rectas, con cierto aire de travieso muchachito. Medias de seda de color carne, elegancia en la ropa interior, rouge, polvos, cremas, echarpes, chales, pañuelos, sombreros cloche, cuellos de piel. Si su posición económica lo permite, veranea en un chalet de Mar del Plata y concurre a las fiestas del *Ocean Club*, para terminar en la madrugada tirada en la arena de la *Bristol*[4]. Un *fox-trot* argentino de José Bohr, muy de moda en estos años 20, y cantado por su autor en la revista *A ver quién nos pisa el poncho*, en el teatro *Porteño*, dice así:

Antes femenina era la mujer
pero con la moda se ha echado a perder
antes no mostraba más que rostro y pie
pero hoy muestra todo lo que quieran ver...[5]

[2] Pujol, Sergio, *Op. cit.*, p. 29.
[3] Benedetti, Héctor Ángel *Op. cit.*, p. 166, *¿Qué sapa señor?* (tango) (Letra y Música de Enrique Santos Discépolo).
[4] Pujol, Sergio, *Op. cit.*, pp. 14-39.
[5] Pujol, Sergio, *Op. cit.*, p. 40.

Homero Manzi también contrasta humorísticamente el ayer y el hoy:

La gente moralista rezonga sin razón
que el mundo va en pendiente, materia de moral
que las mujeres de antes, en contra de las de hoy
cuidaban el pudor y todo lo demás...
No comparés si las de hoy van en tul
o si al pasar frente al sol, se ven al trasluz
y no es en el pasao, donde iban vestidas
de tanques blindaos...[6]

Aquel tango que Carlitos había visto bailar en la vereda al son de los organitos, esa "danzas de prostíbulo", ha invadido espacios impensados. Ahora se canta y casi todos los nuevos temas tienen letra. Han nacido nuevas orquestas y el baile se refugia no sólo en los elegantes cabarets frecuentados por la oligarquía, sino también en las casa de familia. En tanto se sigue publicando en grandes tiradas *Caras y Caretas, El Hogar, Atlántida, Fray Mocho,* revistas ilustradas de interés general con comentarios de actualidad y notas mundanas que permiten a la clase media espiar el mundo de la aristocracia.

Gardel está actuando en el teatro *Esmeralda*, y por los meses de noviembre y diciembre de 1920 conoce a Isabel.

Una tarde en que va caminando con un tal Martínez, éste saluda a una bella jovencita. Gardel le pregunta a su compañero:

–¿Esta *papusa* quién es?

–Es una prima– contesta y los presenta.

Así conoce a Isabel Martínez del Valle, con quien comienza una relación sentimental. Isabel tiene sólo 14 años; vive en la calle Sarmiento, entre Carlos Pellegrini y Esmeralda. Allí en la esquina comienzan a hablar y Gardel termina siendo invitado a comer en su casa un *arroz a la valenciana* que la madre de Isabel prepara muy bien. Carlos acepta, es uno de sus platos preferidos, y se presenta al día siguiente llevando todos los ingredientes. Esta relación, que comienza en el año 1922, dura más de 10 años. Isabel vive con su madre y sus hermanos y durante todo este tiempo recibe el apoyo económico de Carlos, incluso le compra una casa en la calle Directorio para ella y

---

6 Salas, Horacio, *Manzi y su época*, Buenos Aires, Ediciones B., 2001, p. 122.

su familia[7]. Carlitos es así, totalmente generoso con su dinero, a diferencia de doña Berta, que se caracteriza por ser sumamente ahorrativa y cuidar el centavo. No se lo ve mucho en público con Isabel, sus amigos íntimos saben de su relación y, por supuesto, también doña Berta, que no la aprueba totalmente. Le parece demasiado joven para su hijo. "No lo va a saber comprender", dice.

Esta pareja, que comienza bien, termina en forma drástica con un Carlos Gardel muy firme, dispuesto a todo para llegar a una ruptura. El amor que en un principio los unió, con el tiempo llega a transformarse en una pesada carga para Carlitos, como lo testimonian algunas cartas en las que Isabel le reprocha su abandono.

Carlos ha gestionado su carta de ciudadanía, siempre utilizando su documentación fraguada (según la cual ha nacido en Tacuarembó en 1887). El 1° de mayo de1923 presta juramento como ciudadano argentino.[8]

Paul Laserre aparece en Buenos Aires. Ha enviudado, tiene una posición económica desahogada y viene a proponerle casamiento a Berta. Así legitimaría a su hijo. Berta consulta a Carlos acerca de la propuesta de Laserre.

–¿Vos lo necesitás?

–Yo no– contesta Berta.

–Entonces, vieja, yo tampoco, de ninguna manera. ¡Ni lo quiero ver! Cuando necesité un padre, no lo tuve... y ahora no me hace falta. Mi nombre Carlos Gardel se ha vuelto más real que los que he recibido en Toulouse.[9]

Y da por terminada la conversación.

Es que Carlitos se crió sin padre. Su madre lo mata, en su fantasía de niño, cuando se presenta como viuda; y más tarde, cuando le cuenta la verdadera historia, él le replica: "no me interesa". Ya no podía rescatar la figura paterna. La falta de un padre introductor de un mundo social y cultural fue suplida por su madre y por su entorno –entre ellos, particularmente la figura de Pablo Podestá, su benefactor, que lo guió con su apoyo y sus consejos–.

Berta se lo comunica a Laserre. El vínculo entre madre e hijo es muy estrecho, no hay lugar para otro. Laserre regresa al sur de

---

[7] Aballe, Guadalupe Rosa, "La novia de Gardel", en *Todo es historia*, N° 431, Buenos Aires, 2003, pp. 68-69.

[8] Macaggi, José Luis, *Op. cit.*, pp. 160-161.

[9] Macaggi, José Luis, *Op. cit.*, p. 159.

España, donde está radicado, pero deja una suma de dinero para ellos. Con ese dinero se paga el primer adelanto de la casa de Jean Jaurés 735, la casa que sueña Carlitos para su madre, con patio, zaguán, puerta cancel y una manita de bronce como llamador. El acuerdo de venta se concreta en junio de 1926. Gardel conviene en pagar 50.000 pesos: deposita 5.000 de inmediato, promete 15.000 pesos más en cuotas y cubre la diferencia con una hipoteca de 30.000 pesos. Su anterior propietario es un solterón de nombre Juan Gorina. En 1927 la ocupan; y en 1929 Gardel lleva a vivir a esa casa a Fortunato Muñiz y a Anais Beaux, el matrimonio que los había ayudado en sus primeros años en el país, para que acompañen a Berta cuando él anda de viaje.[10]

Dos plantas, 8 habitaciones. La casa es baja, antigua. Un patio grande, amplio. En el comedor, una mesa ovalada, tres guitarras, dos baúles, y en un rincón, un piano y un fonógrafo.

El dormitorio de Carlitos tiene una cama de bronce muy angosta y en las paredes nada de artistas ni de admiradores, varios austeros retratos de respetables antepasados –los padres y los hermanos de Berta–, con aspecto de gente de trabajo, que parecen velar gravemente el sueño del cantor.

Pero volvamos a 1921. Carlos incorpora un nuevo guitarrista, se trata de Guillermo Desiderio Barbieri, a quien Gardel apoda "el Barba". Nace entre ellos un profundo afecto. Barbieri siente admiración y respeto por Gardel, a tal punto que nunca lo ha de tutear, llamándolo siempre don Carlos. Gardel es el padrino de uno de los hijos de este notable compositor y ejecutante: Alfredo, que más adelante se convertirá en un conocido actor.

El dúo Gardel-Razzano canta en el teatro *Florida,* en el subsuelo del *Pasaje Güemes.* Allí los escucha Paco Delgado, el empresario de las exitosas temporadas de Muiño-Alippi, y les hace una propuesta: viajar con la compañía Rivera-De Rosas y actuar conjuntamente por algunas ciudades de España.

La idea de viajar a España le fascina a Gardel. Aceptan y, de acuerdo con Delgado y De Rosas, resuelven no presentarse con el impecable smocking que visten en el *Armenonville* y en los otros escenarios argentinos, sino con atavíos gauchescos: camisas bordadas, chiripás de seda, botas de cuero, espuelas y rastras de oro y

---

[10] Macaggi, José Luis, *Op. cit.,* p. 159.

plata. ¡Un lujo! Firman contrato, y parten el 15 de noviembre de 1923 en el trasatlántico alemán *Enrique Delfino*. Viaja también con ellos, su gran amigo Edmundo Guibourg, como enviado del diario *Crítica*[11]. *Crítica* es, sin duda, el principal vocero y observador del fenómeno cultural de Buenos Aires. Fundado por Natalio Botana en 1913, se transforma en el referente estético y comercial de la cultura de la gran aldea.

Este viaje resulta inolvidable para Carlos y José. Cuando cruzan el Ecuador y se hace la gran fiesta, Gardel es bautizado "Sábalo" y Razzano, "Bagre". Los cantores alteran todos los horarios del barco. Se acuestan tarde y se levantan después del mediodía. A veces piden "bife con papas fritas" a las tres de la mañana para desconcierto de la ordenada tripulación. En los primeros días de diciembre el buque ingresa en el puerto de Vigo.

Doña Berta también viaja a Europa en esa fecha para visitar a sus parientes de Toulouse. Nunca perdió el contacto con su familia, y ahora que las posibilidades económicas se lo permiten, decide ir a visitarlos. Todavía viven su madre y su hermano Jean, que sobrevivió a la guerra, no así Vital, el menor. Su padre también ha muerto. Sus hermanas, Anne y Charlotte, siguen en Toulouse, casadas y con hijos. Viaja en el buque *Massilia* y adopta ese barco para ir y venir de Francia en próximos viajes. La oficialidad guarda deferente consideración para esa suave señora francesa, madre de un célebre cantor argentino, educada, modesta, que no acepta viajar en primera.

Para el dúo la gira es exitosa, actúan en Madrid en la sala *Apolo* y en el *Teatro Price*. El aplauso más grande lo obtiene Gardel con *Chorra*, de Discépolo.

Por ser bueno, me pusiste a la miseria
me dejaste en la palmera
me afanaste hasta el color.
En seis meses, me comiste el mercadito
la casilla de la feria, la ganchera, el mostrador
¡Chorra, me robaste hasta el amor...!
Ahura...
tanto me asusta una mina
que si en la calle me afila

---

[11] Morena, Miguel Ángel, *Op. cit.*, pp. 77-78.

me pongo al lao del botón...
Lo que más bronca me da
es haber sido tan gil...[12]

El tango *Mano a mano*, de Celedonio Flores, también resulta un éxito. Madrid les abre sus puertas. Conocen al torero Ignacio Sánchez Mejía, el que muere en el ruedo en 1934 y que inspira a García Lorca para su poema:

¡Que no quiero verla!
Dile a la luna que venga,
que no quiero ver la sangre
de Ignacio sobre la arena.

Jacinto Benavente les presenta sus saludos y dice, abrazando a Gardel: "éste es el hombre que me ha hecho pasar mis mejores ratos en Argentina, oyendo sus canciones". Pero, quizá, lo más memorable es la presencia, en el Teatro Apolo, de la infanta Isabel de Borbón y de otros miembros de la corte española. A los cantores se los llama al palco real para que las infantas observen sus lujosos y pintorescos atavíos. España los recibe con el mayor de los afectos.[13]

"Una escapada a Toulouse a ver a la viejita y... ¡París! ¡Vamos, José!"

En el expreso *Midi*, llegan los dos a Toulouse. Pasados los Pirineos, hay una parada obligatoria para los pasajeros a Francia, la estación Matabiau, pero nunca tan obligatoria como para Carlos. Gardel vuelve por primera vez al sitio de su nacimiento. Sus ojos ansiosos descubren a su madre, su querida madre y a su lado un hombre mayor

–Éste debe de ser el tío Jean– dice. Doña Berta sonríe feliz frente a la mirada asombrada de Carlos y José, que se ven rodeados de gente y más gente.

–Son vecinos del lugar, que me han acompañado para recibirlos– les explica doña Berta. En efecto, parte del pueblo de Toulouse se ha juntado en la estación, al pie de los estribos del expreso Midi. Los vecinos comentan:

---

[12] Russo, Juan Ángel, *Op. cit.*, p. 75. *¡Chorra!* (tango) (Letra y música de Enrique Santos Discépolo).
[13] García Jiménez, Francisco, *Op. cit.*, pp. 208-209.

–¿Savez-vous? Aujourd'hui arrive Charles, le fils de madame Gardes.

Carlos visita su casa natal, donde ahora viven su abuela Helène, el tío Jean y su esposa. Su abuela tiene 88 años y está casi ciega. Aquel nieto que salió de sus brazos pequeñito hoy regresa hecho un hombre afortunado y exitoso. Lo abraza y se echa a llorar. Le pide que cante. En el primer piso de la casa, el tío Jean abre los postigones y Gardel contempla el panorama. Carlitos canta; su voz entona una canción y se pierde en el paisaje montañés, en el caserío parejo y somnoliento. A lo lejos se divisa el río Garona. Berta, emocionada hasta las lágrimas, se acerca a su hijo, que la abraza y siente que recupera el aire de su tierra, el olor y el color de los viñedos, de los valles profundos, las voces de su gente...[14]

Se quedan cuatro días en compañía de la familia Gardes y, nuevamente en el expreso Midi, se trasladan a París. Las pesetas ganadas con tanto esfuerzo pronto se disipan.

–El dinero se gana para gastarlo– dice Gardel, siempre derrochón y poco previsor.

Gastan miles y miles de francos en regalos para sus amigos de Buenos Aires. Una necesidad incontrolable y compulsiva que lo lleva a no retener lo que tiene, a gastar, a perder, a no valorar lo que consigue...

–¿Qué querés que te regale?– le pregunta José a Carlos.

–Un paraguas.

Razzano pide el paraguas más caro: de seda y con empuñadura de oro.

–¡Esto es una alhaja!– exclama Carlos.

–¡Sí, es una alhaja! ¡Por favor, no lo pierdas!

–¿Qué...? ¡Este paraguas no se aparta de mí, voy a andar con él metido en un bolsillo![15]

La vida francesa en esta época es exhuberante. Visitan *El Garrón*, el cabaret de la rue Fontaine, un reducto tanguero de Europa donde actúan el músico argentino Manuel Pizarro y sus hermanos. Gardel queda extasiado con París. A su regreso a Argentina, graba el fox-trot *Oh París*.

---

[14] García Jiménez, Francisco, *Op. cit.*, pp. 210-213.
[15] García Jiménez, Francisco, *Op. cit.*, pp. 215-216.

Oh París, oh París de mi ensueño
Oh París, oh París de mi amor
Oh París, Ciudad Luz, ciudad de placer
yo nunca te olvidaré
y muy pronto volveré...[16]

Regresan a Buenos Aires a bordo del *Giulio Cesare,* a mediados de febrero de 1924, y allí continúan con las actuaciones y las grabaciones. Y se incorporan las audiciones radiales. En septiembre de ese año, realizan su primera transmisión por Radio *Splendid,* ubicada en la calle Santa Fe, en los altos del teatro de ese nombre. Sus dueños, los señores Gache y Devoto, los contratan para una serie de audiciones, compartiendo el espacio con la orquesta de Francisco Canaro. Gardel canta acompañado por la orquesta.

La noche los encuentra en el *Café de los Angelitos,* bar de Gabino y Cazón, en Rivadavia y Rincón... Balvanera, el barrio de la niñez de Razzano, del actor Roberto Casaux y de Alfredo Deferrari, el que una noche les prestó la guitarra envuelta en un paño negro para que cantaran en lo de Madame Jeanne... Son los grandes amigos de Carlos: Alfredo y Armando Deferrari y Ernesto y Gabriel Laurent. Alfredo es un alto funcionario del Banco de la Nación, y Laurent, un hombre de fortuna dueño de una fábrica de calzado, que acompaña a Gardel a las carreras de caballos. En ese café también "paran" los socialistas: Repetto, Mario Bravo, Juan B. Justo, José Ingenieros y el propio Alfredo Palacios, que es admirador del cantor.

Luego de las fructíferas horas en el *Armenonville,* conducidos por un servidor leal, el cochero Antonio Sumaje –que los espera a la salida de las funciones–, arriban al célebre café. Allí sacan la cuenta de lo que ganaron. Razzano hace las veces de cajero, tiene los bolsillos llenos de plata:

–Cincuenta del palco, treinta de don Casimiro... un rollito del estanciero Peralta... ¿A ver cuánto hay en el rollo? Ochenta, che... y cien de aquel señor del reservado...– dice Razzano, sacando un amarillo del forro del saco.

–¿Y el otro *canario* del gordo de *pingüino...?*

Razzano se ríe y saca el papel de cien pesos del cliente de *jacket.*

Y esto se repite todas las noches y la mesa se va agrandando con nuevos integrantes de la barra que saborean los jugosos bifes que pre-

---

[16] Collier, Simón, *Op. cit.,* p. 101.

para don Bautista, el cocinero. Partidas de truco, de billar y el canto de Carlitos, que entona en las "sobremesas" de las madrugadas. Todos lo escuchan embelesados: los payadores Ezeiza, Curlando, Cazón, Betinotti... y un muchacho de imponente físico, "el Toro Salvaje", Luis Angel Firpo, "la trompada más potente del mundo". José Antonio Güiraldes llega una noche al café y al ver los integrantes de la reunión exclama:

–¿Y a este café lo llaman *de los Angelitos?* [17]

–Los angelitos están afuera– le contesta Gardel, refiriéndose a las estatuas del frente.

No sólo hay angelitos, la zona está llena de edificios singulares. Hay uno con pavos reales en los balcones, otros con lirios, otro que termina en un triángulo –que se conoce como Alfa y Omega–, otro que es el de los Setenta Balcones del poema de Fernández Moreno, otro ornado con esculturas y vitrales, otro con columnas egipcias. Es un barrio de extrañas expresiones arquitectónicas.

Y en ese café, a la vuelta del viaje por España y Francia, Carlos pierde su famoso paraguas de varillaje flexible recubierto de seda y con puño de oro. Lo deja colgado en cualquier perchero y luego de la partida de billar, del truco, del canto y de la comida, cuando va a buscar sus prendas se encuentra con que el paraguas ha desaparecido. Revisan hasta el último rincón del café.

–¿Qué le digo ahora a *la fiera?*... ¡Me lo había vaticinado! ... Y bueno, puede ser que al que se lo llevó le hiciera mucha falta...

Así es, distraído, despreocupado con sus cosas, aun las de valor, como el alfiler de corbata con un brillante que extravió en la Young Men's Christian Association, adonde concurre con sus amigos a hacer gimnasia.[18]

[17] García Jiménez, Francisco, *Op. cit.*, pp. 181-186.
[18] García Jiménez, Francisco, *Op. cit.*, pp. 216-217.

6
Alma criolla errante y viajera

Golondrinas de un solo verano
con ansias constantes de cielos lejanos
alma criolla errante y viajera
querer detenerte es una quimera

Golondrinas. Alfredo Le Pera-Carlos Gardel .1933

Por pedido especial de los señores Gache, Devoto y Glücksman, el dúo realiza una transmisión por Radio Splendid. Son los tiempos iniciales de la radiotelefonía. En cada hogar se encienden las lamparitas del aparato de radio y en las viviendas pobres se pescan las transmisiones con aparatitos de galena. Después, y cada vez más cotizado, Gardel canta desde Radio América, Radio Nacional y en su continuadora Radio Belgrano.[1]

En el mes de agosto de 1925, Buenos Aires recibe la visita del príncipe de Gales, Eduardo de Windsor. Se le declara huésped oficial de la República. El presidente Marcelo Torcuato de Alvear, un radical de origen patricio que sucede a Yrigoyen en 1922, se interesa personalmente por lo agasajos que se le ofrecen a tan ilustre visitante. Alvear posee cierta popularidad en el mundo del espectáculo, pues está casado con Regina Paccini, una cantante portuguesa mal vista por la sociedad porteña, pero que, al convertirse en primera dama, termina por ser aceptada. Uno de los agasajos tiene lugar en la estancia *Huetel,* que fuera de Vicente Casares, fundador de los establecimientos *La Martona.* En esta oportunidad es propiedad de Concepción Unzué de Casares. Contratan al dúo Gardel-Razzano para actuar en aquella velada privada.

---

[1] Morena, Miguel Ángel, *Op. cit.*, p. 81

A la estación Huetel –partido de 25 de Mayo– llegan a las 6,30 horas, en el tren piloto, Gardel, Razzano, los guitarristas Ricardo y Barbieri, el valet Mariano Alcalde, periodistas y funcionarios policiales. Media hora más tarde arriba un tren especial donde llegan el Príncipe de Gales y su comitiva, integrada por el ministro británico Sir Beilby Francis Alston, el vicealmirante Sir Lionel Halsey, y los ministros argentinos: Dr. Roberto Ortiz, de Obras Públicas; Dr. Angel Gallardo, de Relaciones Exteriores y el Dr. Tomás Le Bretón de Agricultura. Otros acompañantes son: el Maharajá de Kapurtala[2] –también de visita en el país–, el general Juan Esteban Vaccareza, el contralmirante Carlos Daireaux, el Dr. Montes de Oca y el Sr. Sánchez Elía, presidente y secretario de la comisión de homenajes. Por la noche, después de la cena, se realiza en la elegante residencia una gratísima fiesta. Los periodistas de *La Razón* registran una importante nota.

Todos están de acuerdo en que el agasajo que se le tributa al príncipe resulta la más feliz de las ideas. El príncipe está fascinado por la presencia de los cantores y por el carácter criollo de la fiesta. Don Horacio Sánchez Elías es quien ha organizado esta especie de reunión privada para que el príncipe pueda estar en contacto directo con los cantores de mayor renombre del momento y sus talentosos guitarreros.[3]

Gardel, Razzano y sus "escobas" se ubican en un ángulo del salón, vestidos con sus atuendos gauchescos, y entonan la zamba *Linda Provincianita*.

Linda provincianita, reina del pago
capullo en flor...
para ti son mis cantos y mi guitarra de trovador.
Tus ojos son el fuego que queman al mirar
Y tienen de mi tierra todo el encanto tradicional...[4]

El Príncipe se aproxima de inmediato y comienza a escuchar con gran atención y se sorprende de la versión de letra española de *La canción del ukelele*, cantada por Gardel con exquisito sentimiento.

---

[2] Collier, Simon, *Op. cit.*, p. 110
El Maharajá de Kapurtala era un prominente hombre de mundo muy conocido en la época. Su *garden party* anual se convertía en una fecha célebre en el calendario social parisino.
[3] Morena, Miguel Ángel, *Op. cit.*, pp. 84,85.
[4] Populibro D. I. S. A. Nº 5, *Op. cit.*, pp. 33-34. *Linda Provincianita* (zamba) (Letra y Música de Mario Pardo).

Es evidente que al ilustre huésped lo que más lo atrae de la música es el compás, pues desde el primer momento acompaña acertadamente con talonazos y movimientos de cabeza las piezas más diversas. Al mismo tiempo se interesa por alcanzar el sentido de las frases, y hace frecuentes preguntas a su viejo amigo de Londres, don Emilio R. Casares, y a otras personas que hablan un correcto inglés.

Muy pronto don Horacio Sánchez Elía empieza a mezclar los temas argentinos con populares canciones norteamericanas e inglesas, y la reunión se anima aún más. En un momento el Príncipe sube corriendo a sus habitaciones y desciende trayendo, para sorpresa de todos, una pequeña guitarra, que lo acompaña siempre en sus viajes, y que es muy semejante al *ukelele* que usan los indígenas en Hawai.

El Príncipe está en la gloria, los artistas también, y antes de retirarse a sus habitaciones estrecha vigorosamente las manos de los cantores e instrumentistas y firma los retratos de Gardel y Razzano.[5]

A pesar de la retirada del príncipe, la fiesta continúa. Razzano baila maravillosamente con don Sánchez Elías un malambo y el general Vacarezza se anima a repetir los difíciles pasos de la danza criolla y a añadirle una zamba.

Le piden a Gardel que cante tangos y entre los temas más festejados se hallan *Organito de la Tarde*, *Silbando*, y *El sol del veinticinco*, este último a dúo con Razzano. Le piden un bis por *La mina del Ford*.

Yo quiero un cotorro, que tenga balcones
cortinas muy largas de seda crepé
mirar los bacanes pasando a montones
pa' ver si algún reo me dice "¡qué hacé!"

Yo quiero una cama que tenga acolchado
y quiero una estufa pa' entrar en calor
que venga el mucamo, corriendo apurado
y diga: "Señora... araca, está el Ford..."[6]

Razzano no puede más con su voz. Los cantores deben dar una rigurosa atención a la técnica vocal y a los cuidados físicos. Los equi-

---

5 Morena, Miguel Ángel, *Op. cit.*, pp. 85-88.
6 Populibro. D. I. S. A. N° 5, *Op. cit.*, pp. 63-64. *La mujer del Ford* (tango) (Maroni-Contursi-Scatasso).

pos de amplificación eléctrica no existen y el recurso más práctico consiste en apelar a megáfonos de hojalata. El problema de la garganta de José se agudiza. Hay momentos en que le pide a Gardel que cante solo, porque su voz no le responde. La crisis culmina en una gira por las provincias; en Rafaela (Santa Fe), Razzano no puede seguir cantando. Carlos considera que debe sincerarse con su amigo y viejo compañero.

–Mirá, José, vos tenés que darte cuenta de que no podés seguir cantando, pero no te preocupés, porque vas a seguir ganando lo mismo que yo. Vamos a dividir por dos lo que yo saque. Vos te ocuparás de conseguir trabajo y administrar las cosas.

–Y... sí, Carlos. Yo me siento cada día peor. Me hablaron de un tal doctor León Elkin. Andá vos a Europa solo, que yo mientras tanto me voy a someter a una cura.

Carlos le firma un poder que le otorga facultades para administrar todos sus asuntos.[7]

Corre el año 1925, Gardel tiene 34 años, y se embarca en el *Princessa Mafalda*, acompañado únicamente por su guitarrista José Ricardo. Razzano queda atrás. Es su primera incursión como solista y la gira es por España. Actúa y graba en Madrid y en Barcelona. Ésta es la primera vez que canta ante un micrófono en vez de una bocina, el sistema eléctrico ha empezado a reemplazar al viejo método acústico. Se trata de la nueva tecnología inventada en los *Bell Telephone Laboratories* de Estados Unidos. Como siempre, lo acompaña el éxito. "Fui por diez días y trabajé un mes", cuenta después entusiasmado.

Sin embargo, no está bien, siente la separación con Razzano, aunque éste ya se hubiera transformado en un peso muerto para su carrera artística. A pesar de todo, le duele. Recibe un telegrama de José donde le informa que está enfermo. Regresa a bordo del *Reina Victoria Eugenia* el 23 de marzo de 1926. Al diario *"Crítica"*, le dice:

–Viajaremos con Razzano de nuevo a España en octubre.

Le cuesta desprenderse del amigo.

En el año 1927, en la tramitación de la Libreta de Enrolamiento –por supuesto con los datos falseados que sostuvo toda la vida y que dio motivo a múltiples especulaciones e investigaciones sobre su nacionalidad–, Gardel da un nuevo domicilio: Rincón 127. Se trata de su *garçonière*. Un edificio de departamentos lujoso, de muy buen nivel,

---

[7] Fernández, Augusto, *Carlos Gardel para todos*, Op. cit., pp. 71-73.

diseñado por el ingeniero Arturo Prins. Es de estilo francés, con un magnífico portón de entrada de hierro forjado con dos medallones de mármol, una verdadera obra de alta artesanía.[8]

–Parece de la Avenida Alvear– comenta Gardel, impresionado por el lujo de la construcción. Enseguida lo alquila.

El edificio da a un lateral del Gran Hotel Victoria. A metros está el *Café de los Angelitos*, su lugar de encuentro con la muchachada. En ese mismo barrio viven muchos artistas: los Podestá, los Ratti, Roberto Casaux. Sin abandonar su cuartel general en Jean Jaurés, donde gusta de los *puchereles* que le hace doña Berta, recala frecuentemente en Rincón.

"Cuando necesito paz, tranquilidad, sosiego, cuando las farras y los copetines me cansaron... vengo a ver a mi viejecita, y a su lado recobro las fuerzas. ¡Qué amigos, ni amores, ni copetines, ni gloria, ni triunfos, ni burros, ni nada por el estilo, al lado de nuestra madre!..." [9]

Esté donde esté, en el país o en el exterior, Gardel llama diariamente por teléfono a su madre. Cuando está en su casa, al mediodía, que es la hora en que Carlitos se despierta, Berta ya está a su lado cebando matecitos mientras comparten comentarios y chistes. En seguida empieza a trabajar, escucha nuevas canciones, ensaya con sus guitarreros y se pone los *embrocantes* de doña Berta para leer mejor. Vestido con pijama y *robe de chambre*, con los anteojos de su madre, que apoya sobre algodones para que no se le marquen las patillas, él mismo se ríe de su *pinta*. "Mirá si me vieran las mujeres".[10]

En el tradicional Café Tortoni, el 25 de junio de 1927, Gardel, acompañado por sus guitarras, canta en el homenaje que "La Peña" le dedica al dramaturgo italiano Luigi Pirandello, quien se encuentra en Buenos Aires con su compañía actuando en el teatro *Odeón*, de Corrientes y Esmeralda.[11]

Siguen sus giras y sus viajes hacia Europa. Siempre a España.

Dice Salvador Dalí en Barcelona en el año1928:

"Su voz es un mágico pincel que dibuja en el aire los paisajes sugeridos de su garganta. Lo sonoro verbal sugiriendo lo visual es el paisaje de la voz del cantor."

---

[8] Macaggi, José Luis, *Op. cit.*, p. 167.
[9] Collier, Simón, *Op. cit.*, p. 168.
   Esto lo dice Gardel hablando con Mario Dillon en un reportaje de la revista *Sintonía* de 1930.
[10] Revista *Gente y la actualidad, Op. cit.*, p. 56.
[11] Collier, Simón, *Op. cit.*, p. 118.

Razzano no canta más, le maneja sus asuntos, pero comienza a verter por distintos lugares comentarios malévolos, producto de sus celos y su envidia. En una noche de peña, Razzano dice: "Gardel tendrá la fama, pero yo tengo la *guita*".[12]

El Zorzal llega a Buenos Aires en el barco *Comte Rosso* con un espectacular automóvil *Graham Paige* modelo 28, que dice "le regalaron los jugadores del Primer Equipo de Fútbol de Barcelona". Pero hay otra versión que circula respecto de este automóvil: que se trata de un regalo de Madame Sadie de Wakefield, también llamada Madame Chesterfield, por ser dueña de la fábrica de cigarrillos Craven, herencia de su padre. Gardel, hermético como siempre con respecto a su vida privada, no hace ningún comentario.[13]

Una noche canta Gardel en la casa que ocupa Radio Nacional. En esa vieja mansión ubicada en la calle Estados Unidos se efectúa la transmisión. El salón está repleto de gente, y afuera, en la calle, una multitud sigue la audición por un altavoz que colocan al frente. Gardel canta a los pagos camperos, a los amaneceres, a la brisa fresca, y al terminar estalla en la sala un aplauso sostenido. Agradece Gardel con su atractiva sonrisa y al levantar la vista hacia las ventanas ve la cara de un canillita que lo mira embobado.

–¿Qué te parece *pibe*?– le pregunta Gardel.

–¡Fenómeno![14]

Y ahora sí... ¡París!... Luis Pierotti, un empresario rioplatense muy vinculado a los negocios teatrales de América, Francia y España conviene con Razzano, la venida de Gardel a París. Gardel y sus compañeros guitarristas –José "el Negro" Ricardo, "el Barba" Barbieri y el ahora incorporado José María "el Indio" Aguilar, sus "escobas" como él los llama– abordan el *Conte Verde* hasta Barcelona, el 12 de septiembre a las 0:15 horas. Llevan consigo el *Graham Paige* con

[12] Macaggi, José Luis, *Op. cit.*, p. 13.
[13] Collier, Simón, *Op. cit.*, p. 122.
    La compañía *Graham Paige* se ha formado recientemente. Los hermanos Graham se apropian de la *Paige* de Detroit. Sus modelos están destinados a una clientela acaudalada. Sadie es una de las hijas de Bernhard Baron, magnate del tabaco y filántropo, judío, nacido en Rusia. Después de un largo período en EE. UU., se instala en Inglaterra en 1895. Dirige la compañía cigarrera *Carreras* (Craven A es una de sus marcas populares de cigarrillos). Muere en 1929. El esposo de Sadie es George T. Wakefield, un industrial norteamericano
[14] Macaggi, José Luis, *Op. cit.*, p. 168.

su chofer particular, Antonio Sumage, "el Aviador", con el que piensan llegar a París.

"El Aviador" debe su apodo al mismo Gardel, que tiene la costumbre de poner sobrenombres a todos sus amigos, y a los que no lo son. Sumage manejaba un coche de plaza tirado por una yunta de caballos y sentía por Gardel una gran admiración. Desdeñaba pedidos de viajes para esperarlo en la puerta de *Los Angelitos* o donde sabía que estaba trabajando. Carlos se entera del deseo del hombre y de que su pasión es la aviación y por eso lo bautiza "el Aviador", mote que le queda para toda la vida. Cuando Carlos tiene un automóvil lo contrata como chofer y le promete que, cuando tenga los medios, le regalará un auto. Él no podrá hacerlo, pero a su muerte lo hará doña Berta.[15]

Desde la nave, el cantor envía un saludo a los lectores del diario *Crítica*:

"El piróscafo me lleva hasta la villa donde impera Chevalier y, como criollo, hoy parto a conquistar ese país bacán y copero, con nuestro gotán porteño. Hasta luego, muchachada posta de mi Buenos Aires querido...

Para Crítica, a bordo del Conte Verde. 12 de septiembre de 1928. Carlitos Gardel."

Previo paso por Toulouse para saludar a los parientes –tíos y primos–, con los que Gardel ha establecido un buen vínculo, se dirige a París.

¡París!... una importante meta para Carlitos...

La llamada "Ciudad Luz" vive nuevamente una *belle époque*. Es el París de los sueños de grandeza de una burguesía que olvida sus años difíciles y que está encantada de tener una ciudad maravillosa donde albergar a zares, emperadores, reyes, maharajás, príncipes, princesas, nuevos ricos, banqueros, apaches y anarquistas. Una época de gloria que duró entre el fin de la primera guerra y el estallido de la segunda.

Todo comienza con el fin del pesimismo y la creencia de que el siglo XX es el de la felicidad y la prosperidad, que ofrecen los nuevos inventos y descubrimientos: la electricidad deja sumidas en el olvido las noches alimentadas con velas y carbón, la clase obrera obtiene mejores condiciones de vida, el transporte masivo y el crecimiento de

---

[15] García Jiménez, Francisco, *Op. cit.*, p. 259.

la población aseguran el progreso de la civilización, y una creciente clase media se regocija con los adelantos y con los viajes en el Orient Express. Se propone la abolición de la idea romántica de que "todo pasado fue mejor". El pasado no es de ninguna utilidad, constituye algo ilusorio que enseña tarde la sabiduría, cuando no podemos usarla. Se vive intensamente el presente.

La oligarquía argentina, que va y viene en los transatlánticos –con vaca incluida, para que los niños tengan leche fresca, y con señoritos que tiran *manteca al techo* en los cabarets parisinos–, trasmite una imagen de Buenos Aires en la que el tango, el lujo, la transgresión traen reminiscencias de suburbio portuario, ligeramente canalla, a la manera de los ambientes apaches de París. Circulan por la Ciudad Luz argentinos polistas, criadores de caballos ganadores en Auteuil y Longchamps, Alberto López Buchardo y Ricardo Güiraldes hacen exhibiciones de tango en el salón del conde y la condesa de Rescke. En medio de una reunión en la que se habla de Picasso y Stravinsky, Güiraldes saca a bailar a una invitada, Ivette Gueté, y la conduce con elegancia y seguridad por los arabescos del tangodanza. Argentino es sinónimo de exótico, y la despreocupada y sofisticada *belle époque* se muestra apasionada por lo exótico.

Argentina lleva a las exposiciones su ganado, sus mieses, sus gauchos y sus indios, pero el plato fuerte lo constituye el tango, porque tiene misterio, generalmente unido a una vaga idea de violencia criminal y de sexo. Bruscamente, se abren los grandes salones y los lujosos hoteles, y entra el tango. El famoso salón de los condes de Rescke recibe a personajes de la aristocracia y del arte, los cuales, acompañados por el piano de Ángel Villoldo, Enrique Saborido o Alberto López Buchardo –autor de *Germaine,* de *Poupée* y de *Espérame a la salida*–, se dedican a practicar este baile. En la Revista *Renaissance Politique Littéraire* del 10 de enero de 1920, se publica el siguiente artículo:

"Es en el elegante Salón Magic City, en la Gare D'Orsay, donde el tango argentino se ha presentado por primera vez, importado por auténticos argentinos con su carácter de originalidad curiosa y un poco salvaje."

Aquellos argentinos tangueros, cultos, elegantes –y desde luego bilingües –gustan a las mujeres que visitan el salón, solas o acompañadas. Arolas, creador fundamental del tango, viaja por primera vez a París en 1920, directamente importado de la cantina *La Buseca* de Avellaneda y del burdel de Bragado, donde ha formado un famoso trío con Tuegols y Zambonini. Llega a ser figura de la noche canalla de París, sostenido por su talento y el rufianismo, muriendo años después en la miseria atacado por la tuberculosis.

Thomas Mann escribe en *La montaña mágica*:

"Finalmente se tocaron los discos de baile. Se poseían algunas muestras de las modas más recientes, de gusto exótico, de cabaret de puerto: el tango llamado a convertir el baile vienés en una danza para las abuelas..."

En una revista de moda un artículo comenta:

"Un modisto de París creó el vestido tango, que tuvo la más ruidosa aceptación. Permite separar con más libertad los pies, dándole a la pollera un aspecto de chiripá que se adhiere fácilmente a las formas."

El triunfo del tango es total. Hay un *couleur-tango*, un *apéritif-tango*, un *tango-champagne*. Las críticas a la supuesta procacidad aumentan peligrosamente, hasta tal punto que el poeta y académico Jean Richepin lo considera tema importante como para una reunión solemne y conjunta de los inmortales en la Academie de France. Hace un extenso y ya famoso alegato a favor del tango como expresión folklórica y transprostibularia. Lo presenta como un producto del alma popular. La defensa tiene mucha repercusión y desde ese momento el tango pasa a la legitimidad en Francia. La esencia de esta música, su nostalgia, su sensualidad coincidieron con ese París, de brillante decadencia, con esos *Tiempos Iluminados* que describe Enrique Larreta. Este escritor, embajador argentino en Francia, despliega su poder diplomático para frenar la *tangomanía*, pero en ese París de la "bella época", la mejor prueba de vitalidad y de éxito de una novedad es el escándalo. Antes del escándalo, nada; después del escándalo, todo. El vaivén de amor y muerte llamado tango se ha puesto en marcha.

En París funciona, desde 1920, el cabaret argentino llamado *El Garrón*, de un tal Elio Volterra –donde actúan los hermanos Pizarro con singular éxito– y al que tradicionalmente asisten los aristócratas argentinos durante sus largas temporadas en esta ciudad. A su inauguración concurren Isadora Duncan, Igor Stravinsky, George Carpentier, Cecile Sorel, Franz Lehar, Fedor Chaliapin, Mistinguet... El *tout* París se ha puesto de acuerdo para celebrar la importación del tango. El 25 de mayo de 1925 festejan la fecha patria bailando la *Marcha de San Lorenzo,* como si fuera un pasodoble, con el acompañamiento de Canaro. Apellidos de la oligarquía argentina como Gramajo, Alzaga Unzué, Aldao, Duggan, Supervielle, Lasala, Madariaga, Ortiz Echagüe, Tornquist, González Moreno y otros son habitués de estos lugares. Allí se sirve de madrugada un puchero a la criolla, y a su alrededor se forma la rueda cordial de los argentinos que visitan

París. Éste es el panorama que ofrece la Ciudad Luz que Gardel pretende conquistar.

La noche de su llegada concurre al *Garrón* con Luis Gaspar Pierotti, reconocido agente teatral que le ofrece a Gardel una serie de contratos que acrecientan su fama de cantor. Pierotti lleva a Gardel al salón Florida, a los imponentes teatros *Empire* y *Palace*, a las ciudades de Cannes y Niza, en la Costa Azul, a actuar en Radio Colonial y a la Paramount de Joinville. También llega a Italia y lo hace ingresar en la Sociedad Italiana de Autores, la encargada del control de la obras de Gardel –discos y películas– en Europa.[16]

Esa noche de septiembre de 1928, Pierotti le manifiesta a Carlos que ya tiene casi convencido a Paul Santos para que lo contrate. "Le hemos hablado de vos, le hemos hecho escuchar tus grabaciones, pero al tipo todavía le quedan dudas. Vamos a que te conozca." Y allí se encuentran los Pizarro, Santos y otros argentinos. Se presentan, se sientan y la conversación retoma su marcha. De pronto, Carlos, con las manos en los bolsillos en un gesto muy suyo, echa para atrás la silla donde está sentado y comienza a cantar:[17]

Esa colombina
puso en sus ojeras
humo de la hoguera
de su corazón.
Y aquella marquesa
de la risa loca
se pintó la boca
por besar a un clown.[18]

Es lo que le faltaba a Paul Santos para convencerse totalmente.

Tres días después de su arribo, el Morocho debuta en el *Femina*, de Champs Elysées. Se trata de una presentación que el empresario Paul Santos –en realidad, Paulo Santolini, un individuo de la mafia sarda que dirige una cadena de *cabarets*– quiere hacer para probar a Gardel, antes de la presentación oficial en el *Florida*, y la excusa es un

16 Morena, Miguel Ángel, *Op. cit.*, p. 110.
17 Collier, Simón, *Op. cit.*, p. 124.
18 Benedetti, Héctor Ángel, *Op. cit.*, pp. 235-236. *Siga el Corso* (tango) (Letra de Francisco García Jiménez. Música de Anselmo Aieta).

festival a beneficio de los inundados de la zona antillana de Guadalupe, colonia francesa.

Después viene el verdadero debut en el *Florida*, situado en los altos de la rue Clichy 20, y totalmente remodelado, con un salón de 20 por 45 metros, enmarcado con hermosos paneles pintados con motivos criollos. Tito Saubidet, el pintor argentino, ha decorado con sus dibujos camperos los *panneaux* del *Florida*: una pampa en perspectiva con un ombú corpulento, una carreta vadeando una laguna, una yerra y un par de gauchos a caballo boleando avestruces. En una de las cabeceras se encuentra el escenario: arañas y espejos de cristal y una elegante fuente con cisnes y chorros intermitentes de agua y juego de luces. Se trata de un local de categoría que también ofrece el servicio de mujeres contratadas.

El *Florida* se encuentra cerca de *Place Pigalle*. Gardel se aloja en la rue Spontini 51 y sus guitarristas en el hotel *Olimpic*. El animador del espectáculo es Jean Binnet, su tarea consiste en anunciar a los artistas, y lo hace en español. Esto llama la atención de los argentinos allí presentes, ya que esa modalidad aún no se usa en su país. En Buenos Aires, los títulos de la pieza a interpretar se escriben sobre tablitas.[19]

Esta presentación es para Carlos un momento largamente esperado, por lo tanto, todo lo ha estudiado con la minuciosidad y el perfeccionismo que lo caracterizan. El empresario Paul Santos no ha dejado nada librado al azar, pero "el Zorzal" tampoco: el acompañamiento de guitarras –debidamente reforzado con la incorporación de Aguilar–; el repertorio; el vestuario –traje de gaucho con chiripá de seda bordado, botas altas del más fino cuero, rastra y espuelas de plata–; hasta el detalle ostentoso del auto *Graham Page* manejado por su chofer, Antonio Sumage; todo está cuidadosamente programado. Comienza la presentación y aparecen los tres guitarristas con sus atuendos gauchescos, que tocan un rato para "templar" el ambiente: *Re Fa Si*, la zamba *Las Madreselvas*, *La Cumparsita*, éxito reciente, y el fox-trot *Manos Brujas*. De pronto, entra al cuadro de luz escénica el presentador, que con voz potente anuncia:

–*¡Madames! ¡Messieurs!... ¡Le chanteur argentin Charles Gardel!*

Aparece Gardel, impecable, con su sonrisa resplandeciente. Arranca con *Siga el corso*, sobre un fondo confuso de murmullos y ruidos, que a la primera estrofa se acaban. Lo escuchan en medio de un silencio impresionante. Lo ovacionan al terminar.

---

[19] Collier, Simón, *Op. cit.*, pp. 87-88.

Y el Zorzal sigue con *Cariñito*, que estrena ese día, y *El Carretero*, que es uno de los más aclamados y que deberá repetir en todas sus actuaciones en el *Florida*. Canta *Francia* y, en homenaje a Julio Sanders y César Verani, que ocupan una mesa la noche del debut, interpreta *Adiós Muchachos*, tema del cual son autores. [20]

Adiós muchachos, compañeros de mi vida
barra querida de aquellos tiempos
me toca a mí hoy emprender la retirada
debo alejarme de mi buena muchachada
Adiós muchachos, yo me voy y me resigno
contra el destino nadie la talla
se terminaron para mí todas las farras
mi cuerpo enfermo no resiste más... [21]

Aquélla y todas las noches Gardel recibe calurosos aplausos. Este estreno tan especial es presenciado por gente de renombre: Eduardo Trongé, Pascual Contursi, Arturo de Vedia, Vicente Madero, Ezequiel Luro, Nicolás del Campo, Carlos Lenzi, Macoco Álzaga Unzué, los hermanos Juan y Domingo Torterolo –criadores de caballos de carrera, y cuidadores de los *studs* de Martínez de Hoz, Unzué y Guthman–, Eduardo Bianco "Bachicha", Héctor Behety, "Chicho Chico". Es la noche del 2 de octubre de 1928.

Su temporada en el *Florida* termina en el mes de diciembre. Lo han escuchado Maurice Chevalier, Lucienne Boyer, Gaby Morlay, Josephine Baker y otras figuras importantes. Feliz por el éxito económico y artístico, Gardel festeja con amigos su trigésimo octavo cumpleaños en la Torre Eiffel. En el restaurante habilitado en lo alto de la torre –el martes 11 de diciembre de 1928– están con él: sus músicos, su chofer, el sexteto de Spaggiari, su representante artístico, Luis Germán Pierotti, hombres del *turf* radicados en París, sus amigos bacanes del *Armenonville*, músicos, artistas, directores de orquesta y una figura muy especial: Madame Sadie Baron de Wakefield.

---

[20] Cadícamo, Enrique, *La historia del tango en París*, Buenos Aires, Corregidor, 1975, pp. 88-89.
[21] Russo, Juan Ángel, *Op. cit.*, pp. 69-70. *Adiós Muchachos* (tango) (Letra de César Felipe Vedani. Música de Julio César Sanders).

Carlitos ve París, desde lo alto de la torre ve la ciudad más hermosa del mundo a sus pies. Es una noche de luna llena, muy apacible; el viento le golpea la cara y lo invade el miedo de caer al vacío. Entrecierra los ojos, la Ciudad Luz desde lo alto es su propio sueño. Por un instante desea quedarse allí y no descender a la realidad. "Yo, que aprendí a conocer Buenos Aires gateando la empinada cuesta de la calle Corrientes, que fui 'el franchute' para los pibes del barrio de Congreso, que estuve prendido en todos los disparates y locuras de los muchachos del Abasto... yo, que no hice otra cosa que cantar como me salía del corazón... ¡Quién iba a pensar, veinte años atrás, cuando no tenía ni para alpargatas, que iba a triunfar en París!"

Estamos a principios de 1929. Los millonarios argentinos tienen sus residencias por el lado de Ternes, especialmente en el límite del Bois de Boulogne, y suelen invitarlo a cantar en sus mansiones. París se halla invadida por estos oligarcas que gastan parte de su inagotable fortuna en fiestas y agasajos.[22]

El 7 de febrero se presenta en el Casino de Cannes. De allí vuelve a París y siguen las actuaciones: en la sala *Empire* (en Av. Wagram 50); luego, su intervención en el tradicional *Bal des Lits Blancs*, función a beneficio de niños hospitalizados que se realiza todos los años en el Teatro de la Ópera de París. Comparte la cartelera con nombres como Josephine Baker, Osvaldo Fresedo, su orquesta y su cantante Ernesto Famá.[23]

Una revista de importante circulación –llamada *La Rampe*– saca en la tapa la fotografía de Gardel en colores. Se venden 70.000 discos del cantor en tres meses. Cuando actúa, llegan a pedirle hasta 10 bises.

"Vivo en París mejor que un millonario, en un confortable departamento en el mejor barrio. Recibo los telegramas de La Nación y los diarios en cuanto llegan, y soy uno de los primeros en usar el servicio telefónico con Buenos Aires", escribe a sus amigos.[24]

Pero a no a todos los artistas rioplatenses les va tan bien como a Carlos y él, generoso como siempre, ayuda a algunos que están *curtidos de males*.

El tango de Cadicamo, que el Morocho canta acompañado por sus "escobas" lo dice así:

---

[22] Macaggi, José Luis, *Op. cit.*, pp. 73-74
[23] Morena, Miguel Ángel, *Op. cit.*, p. 131.
[24] García Jiménez, Francisco, *Op. cit.*, p. 271.

Tirao por la vida de errante bohemio
estoy, Buenos Aires, anclao en París
curtido de males, bandeado de apremios
te evoco desde este lejano país...
Si vieras las ganas que tengo de verte.
Aquí estoy parado sin plata y sin fe
¡Quién sabe una noche me encane la Muerte
y chau, Buenos Aires, no te vuelvo a ver...![25]

El atractivo que ejerce París en general –y Montmartre en particular– en el ambiente del tango en Buenos Aires data de los comienzos
mismos de la expansión de éste. El influjo de la Ciudad Luz perduró
a través del tiempo y se ve en los decorados y los nombres de los cabarets, *Armenonville, Chantecler, Royal Pigalle, Palais de Glace...* También
en la apropiación de ciertos vocablos para el uso lunfardo, como
rastacuero, impase, prisé, y en un sinfín de recuerdos muchas veces
agrandados de aquellos que, gracias a la prosperidad, pueden hacer
el viaje a la soñada París. Pero lo más significativo que tienen las letras de los tangos es la imagen de la francesita, la prostituta parisina
en decadencia a la que *un argentino entre tango y mate alzó de París...*
Madame Ivonne es uno de los tangos que mejor refleja esta te-
mática.

Mademoiselle Ivonne era una pebeta
en el barrio posta del viejo Montmartre
con su pinta brava de alegre griseta
animó las fiestas de aquel boulevard.
Era la papusa del Barrio Latino
que supo a los puntos del verso inspirar
hasta que un buen día llegó un argentino
y a la francesita la hizo suspirar.
Madame Ivonne...
La Cruz del Sur fue como un sino...[26]

[25] Russo, Juan Ángel, *Op. cit.*, p. 121. *Anclao en París* (tango) (Letra de Enrique Cadícamo.
Música de Guillermo Barbieri).

[26] Russo, Juan Ángel, *Op. cit.*, p. 168. *Madame Ivonne* (tango) (Letra de Enrique Cadícamo.
Música de Eduardo Gregorio Pereyra).
Este tango fue "pícaramente" obsequiado a la dueña de la pensión en la que vivían los
autores, a quien le debían el alquiler.

Gardel reaparece en el escenario del *Florida*, luego se presenta en Barcelona y en Madrid, y regresa a su Buenos Aires querido, el 17 de junio, en el *Comte Rosso*.

En este viaje se produce una ruptura entre sus guitarristas, situación que nunca fue comentada por Gardel, que prefiere mantener silencio sobre los conflictos. José Ricardo, su viejo amigo y compañero de giras y presentaciones, se aleja del conjunto. ¿El problema? Los entredichos entre éste y Aguilar. A su juicio, Aguilar se excede en "floreos" y efectos de mandolina cuando hace el acompañamiento. Gardel escucha las quejas y hace prevalecer su criterio: "Las guitarras deben acompañar, deben estar en segundo plano".[27]

José María "el Indio" Aguilar es probablemente el mejor dotado de todos los guitarristas que tiene Gardel. Uruguayo, nacido en Canelones en el año 1891, llega a Buenos Aires en el año 1920. Después de haber acompañado al payador oriental Juan Pedro López , a Ignacio Corsini y a otros grandes cantores, es contratado por Gardel. Como solista resulta muy bueno, pero se excede en su afán de "divismo". José Ricardo se violenta y le exige a Gardel que ponga orden. Éste, un poco fastidiado por tanta queja y ante la opción que le plantea José Ricardo, acepta que se aleje del conjunto, aunque le duela. Él es un tipo consecuente con los amigos. Riverol reemplaza a Ricardo.

Los disgustos continúan: se vienen años difíciles para el cantor. Su representante artístico, Razzano, ha incurrido en hechos que Gardel no aprueba, y esto ha minado la cordialidad alimentada en días de sueños y luchas compartidas. El Zorzal está muy dolido. Incumplimiento en la entrega de las recaudaciones, excusas no creíbles, una mezcla de desencanto e indignación por el comportamiento de su amigo. Gardel empieza a hacer sus propios contratos, fijar los montos y establecer el modo de cobranza, distanciándose de las salas de empresarios muy vinculadas a Razzano. Se aleja, se encierra, ya no frecuenta bares y amistades que antes había compartido con su compañero. Razzano, mientras tanto, hace comentarios malévolos; tiene un buen auditorio, pues es un hombre popular en el medio artístico. A Gardel no le gusta pelear, teme el conflicto, se va y a veces vuelve tratando de reparar. Si algo le molesta, trata de no hablar de eso, se queda en silencio, y ese silencio es más perturbador que la indignación. Al final termina condoliéndose. Una muestra de ello es el festejo de sus trein-

---

[27] Macaggi, José Luis, *Op. cit.*, p. 41-42.

ta y nueve años, que se realiza en la casa de Jean Jaurés. Son 12 los
invitados, como los integrantes de la Última Cena. Está su núcleo
más íntimo: Alfredo Deferrari, Alberto Acuña, Juan Carlos Maram-
bio Catán, Guillermo Stábile, Antonio Sumage, Guillermo Barbieri, Anais Beaux y Fortunato Muñíz, José María Aguilar, Armando
Defino, José Razzano, Gardel y doña Berta. En un momento de esa
comida, Gardel le dice a Razano, no se sabe si guiado por un sentimiento de culpa, por unas copas de más o simplemente por un arran-
que de sentimentalismo:

–Mirá, José, vamos a despedir el año grabando juntos. Andá pre-
parando *Las madreselvas* y *Serrana impía*, que ese día las grabamos...[28]

[28] Macaggi, José Luis, *Op. cit.*, pp. 19-20.

7
Berretines que tengo con los *pingos*...

Por una cabeza
de un noble potrillo
que justo en la raya
afloja al llegar...

Gardel-Le Pera, *Por una cabeza*, 1935

Gardel es un fanático del *turf*. De pibe se *colaba* en el hipódromo y de grande junta *mangos* para poder jugar a las carreras. Cuando está en el exterior despacha telegramas a su apoderado Defino indicándole a qué *pingos* debe apostar. En 1925 compra un caballo, "Lunático", que corre el domingo 26 de abril de ese año en el Hipódromo Argentino de Palermo una carrera de 1.200 metros. Este alazán tostado (hijo de "Saint Emilión" y "Golden Moon"), montado por el jockey Ireneo Leguizamo, finaliza tercero de "Le Coeur". "Saint Emilión", el padre, un *pur sang* de gran mérito –varias veces segundo del *crack* "Botafogo"–, sale tercero en el polémico premio *Carlos Pellegrini*, que "Botafogo" –montado por Jesús Bastías– pierde frente a "Grey Fox" –conducido por el jockey Domingo Torterolo– el 10 de noviembre de 1918, el día anterior a la firma del armisticio de la Primera Guerra Mundial. "Grey Fox", un caballo casi desconocido, es montado por un jockey excepcional, el "Mingo" Torterolo, gran amigo de Gardel. Muchos interrogantes suscita su triunfo. ¿Cómo es que pierde "Botafogo" el premio *Carlos Pellegrini*? Resulta inexplicable para los *burreros*. Los propietarios de "Grey Fox" deciden darle la revancha con una apuesta de 20.000 pesos que serían destinados a obras de beneficencia. "¡La gloriosa incertidumbre!", dicen los diarios.

Gardel, Razzano y "el escoba" Ricardo están actuando en General Pico junto con la orquesta de Firpo.

–¿Qué tal amigo? ¿Cómo anda el *forcito*?– le pregunta Gardel al conductor de un coche de alquiler.

–Como navaja 'e barbero, don.

–Así me gusta. Y dígame, ¿se podría tomar el tren que sale de Trenque Lauquen mañana por la mañana si saliéramos esta noche?

–Saliendo temprano puede que sí..., porque es un tirón...

–No, amigo. Habría que salir después de la función del teatro.

–¡Difícil! Hay que matarse de noche por esos caminos malos. Le va a costar 100 pesos el viaje... ¡y no sé si llegamos!

–Le doy cincuenta más. A la medianoche nos espera acá. Y de esto... ni una palabra a nadie, ¿eh?

–Como *usté* mande, don.

Luego de la presentación, mientras Firpo duerme, se marchan sigilosamente en el taxi hasta Trenque Lauquen y allí abordan el tren que los lleva a Buenos Aires. La tentación de presenciar la sensacional carrera-revancha que se disputa en el Hipódromo Argentino ese domingo 17 de noviembre es más fuerte que el cumplimiento de sus compromisos. Así que mientras ellos gritan el espectacular triunfo del crack "Botafogo" sobre "Grey Fox", Firpo trata de justificar la ausencia del dúo: "Con estos locos nunca se está tranquilo".[1]

Estas locuras *turfísticas* casi lo llevan a la ruina. En una oportunidad, estando en Barcelona, le dice a un amigo: "Me voy a Buenos Aires. Jugué, ganó 'Lunático' y voy a cobrar". Y se viene a buscar once mil pesos, ¡una fortuna! El pasaje en barco cuesta doscientos pesos. "Lunático", conducido por Leguisamo, ha cruzado victorioso el disco en una carrera de dos mil quinientos metros. Se paga a ganador $ 9,15 y a placé $ 4,80.[2]

Por los *pingos*, Gardel hace cualquier cosa, es un *burrero* incontrolable. Siempre anda atrás de su amigo Francisco Maschio, un cuidador de caballos, pidiéndole alguna *fija*

Me gustan más las carreras
que una boca bien pintada,
que una bonita mujer...

La amistad que establece con el famoso jockey Ireneo Leguisamo, el "Pulpo", es entrañable. Lo conoce en el Hipódromo de Maroñas (Uruguay) en el año 1921. Se lo presenta el viejito Concepción, un

---

[1] García Jiménez, Francisco, *Op. cit.*, pp. 241-246.
[2] Revista *Gente y la actualidad, Op. cit.*, p. 64.

experto cuidador de caballos que trabaja en ese hipódromo. Por esta época, Ireneo es un jockey liviano, un hombre discreto y callado, con un aspecto físico que no denota las condiciones que muy pronto iban a dar que hablar a los entendidos. El viejo Concepción le dice:

–Ireneo Leguisamo va a ser un gran jockey.

Gardel no contesta nada.

Esa misma tarde el Pulpo gana tres carreras en Maroñas. Y se va dando una amistad casi fraternal.[3]

Después de las carreras se van al stud de Francisco Maschio a tomar unos whiskies. Carlos sirve una medida con cuatro o cinco cubitos de hielo, y se quedan charlando largas horas sobre los secretos del mundo del turf.

Leguisamo vive en Martínez en un lindo chalet con cancha de pelota y sala de billar. Hasta allí va Carlitos a visitar a su amigo, el "Mono", como él le dice, y a jugar al billar. Carlos prepara, como si fuera un rito, el Pernod que toman a la noche después de la cena.[4]

Le dedica el tango *Leguisamo solo, viejo y peludo...*, compuesto, según Orlando del Greco, la tarde del domingo 15 de junio de 1925 tras ver el triunfo del caballo "Rebenque", montado por "Legui" en el Hipódromo de Palermo. Gardel lo graba, y una tarde Leguisamo recibe un paquete en su casa y casi al mismo tiempo un telefonazo de Carlitos, que le dice:

–¡Mono, te mando un postre! ¡Es para festejar el clásico que ayer te ganaste, poniendo en evidencia tu muñeca incomparable!

Leguisamo abre el paquete y, después de sacar varios papeles, se encuentra con un disco[5]. Lo pone en la victrola y escucha por primera vez el tango *Leguisamo solo*. Al "Mono" se le caen las lágrimas.

Alzan las cintas, parten los tungos
como saetas al viento veloz...
detrás va el "Pulpo", alta la testa,
la mano experta y el ojo avizor

¡Leguisamo solo! ...
gritan los nenes de la popular

---

3 Leguisamo, Ireneo, *Op. cit.*, p. 175
4 Leguisamo, Ireneo, *Op. cit.*, p. 176.
5 Leguisamo, Ireneo, *Op. cit.*, p. 180.

¡Leguisamo solo! ...
fuerte repiten los de la oficial
¡Leguisamo solo! ...
ya está el puntero del Pulpo a la par
¡Leguisamo al trote! ...
y el Pulpo cruza el disco triunfal [6]

–No jugués tanto... llevá poca plata al hipódromo. Es muy difícil ganar– le advierte su amigo.

–Tenés razón, "Mono"– le contesta Carlos, reflexivo–, total la diversión es la misma, con mucha o con poca plata. Gritándote a vos, en un final apretado, aunque juegue *uno y uno,* igual me voy a quedar disfónico.

–Prometeme que vas a jugar poco.

–¡Te lo juro!

Basta de carreras
Se acabó la timba
Un final reñido
ya no vuelvo a ver
Pero si algún pingo
llega a ser fija un domingo
yo me juego entero
¡qué le voy a hacer! [7]

Trata de hacerlo, pero no puede. Se le termina la plata y empieza a *manguear* a los amigos. Jugarse entero a las patas de un caballo es para él una pasión incontrolable, el delirio de la *fija* del domingo...

–No le digás al "Mono" que me prestaste unos mangos, porque me tiene con la rienda corta.

El "Legui" se entera y lo reprende como a un chico

–¿No te da vergüenza pedir plata para jugar?

Gardel festeja la pregunta de su amigo con una carcajada llena de picardía.

---

[6] Rossi, Juan Ángel, *Op. cit.*, pp. 47-48. *¡Leguisamo, solo!* (tango) (Letra y Música de Modesto Papávero).
Según las circunstancias, Gardel cambiaba los agregados que él le hacía a la letra.
[7] Rossi, Juan Ángel, *Op. cit.*, p. 47-48. "Por una cabeza", Gardel - Le Pera.

–¿Decime, Romualdo...?

–Oí, Mono, ¿vos me querés reventar?... ¿También me querés deschavar por ese lado?[8]

Gastar, ganar, perder, y envolverse en sus dos pasiones: el canto y las carreras. El jugarse al todo o nada es para el cantor un desafío al destino. Si gana, se llena de remordimiento y tiene que gastarla inmediatamente, como si fuera algo "mal habido".

–¡Muchachos, se me dio, vamos todos a comer! ¡Yo pago!

Cuando pierde, que es la mayoría de las veces, se encoge de hombros y dice:

–¡Hoy me falló la suerte! ¡Me refundieron! ¡Me quedé sin un *mango*!

La noche del 16 de abril de 1927, Gardel está actuando en el teatro Solís de Montevideo. Entre bambalinas le anuncian que "Lunático" ganó. Loco de contento, hace parar la música y comienza a cantar *Leguisamo solo*. El público entusiasmado se pone de pie y con aplauso ruidoso acompaña a Gardel en los últimos versos de la canción.

Muchos momentos inolvidables pasa Carlitos con el "Mono" en Montevideo, en la Playa Malvín, junto al Hotel Las Brisas. Francisco Maschio ha habilitado dos habitaciones en su chalet para albergarlos. Una noche, Carlos recibe a una amiga en su habitación, mientras en la otra el "Mono" se acicala para salir –por la ventana– a disfrutar de la noche uruguaya. Maschio cuida a su jockey, no le permite excesos. A la madrugada, mientras Francisco cree que el "Mono" duerme, Carlitos o su amiga deben abrirle la puerta para que entre al chalet.[9]

La obsesión por tener "colores propios", es decir, una caballeriza con la cantidad de pura sangre requerida por el *Jockey Club*, lleva a Gardel a organizar junto con Razzano un stud, al que llaman *Las guitarras*, y que llega a tener seis caballos: el mencionado "Lunático", "La Pastora", "Amargura", "Cancionero", "Guitarrista" y "Explotó". La chaquetilla que identifica a esa *ecurie* es verde, cruzada por dos bandas blancas, y las mangas, blancas con lunares verdes. La gorra, también blanca. Estos colores propios nunca llegaron al disco, exceptuando a "Lunático", que llega diez veces, nueve montado por Leguisamo y una por Justino Batista. Una aventura que consume los ingresos del entonces dúo Gardel-Razzano.[10]

---

[8] Leguisamo, Ireneo, *Op. cit.*, p. 176.
[9] Leguisamo, Ireneo, *Op. cit.*, p. 177.
[10] García Jiménez, Francisco, *Op. cit.*, p. 253.

Pero la locura sigue, y casi sin darse cuenta, por confiar ciegamente en las inversiones que el "Oriental" continúa haciendo sin su
aprobación, Gardel se ve envuelto en una montaña de cuentas a
pagar, anticipos, dinero faltante, y hasta la desaparición de una suma
que envía desde Europa por una "supuesta enfermedad" de doña
Berta. Las veleidades turfísticas terminan con la casa de la "viejita"
hipotecada y con el piano del cantor embargado por falta de pago.
Gardel le pide a Armando Defino, un buen amigo, especializado en
temas contables y judiciales, que se haga cargo de la administración
de sus bienes y que le ordene sus cuentas.[11]

---

[11] Defino, Armando, *Op. cit.*, p. 78.

8
Cuando no tengas ni fe...

Cuando la suerte que es grela
fallando y fallando
te largue parao.
Cuando estés bien en la vía
sin rumbo desesperao...

Enrique Santos Discépolo, *Yira yira,* 1930

"Cuando la suerte que es grela", canta Carlitos. Nada le sale bien. Las dificultades diarias, el trabajo amargo, las injusticias, el esfuerzo que no rinde, y la dolorosa sensación de que se le nublan todos los horizontes y se le cierran todos los caminos. Así se siente Carlos. Luego de la revolución del 30, los radicales se ensañan con él. Lo identifican con los conservadores por sus andanzas artísticas y sus actuaciones en fiestas organizadas por caudillos y punteros. Un grupo denominado *Klan Radical* va a silbarlo en sus presentaciones. El desconsuelo que le provoca esa rechifla lo lleva, lleno de bronca, a aceptar grabar el tango *¡Viva la Patria!*, de Anselmo Aieta, cuya letra enaltece el levantamiento militar. Sus versos comienzan diciendo: *Amanecer primaveral de la revolución...* Más que un *¡Viva la Patria!* es un "¡Viva la Bronca!".

Para los argentinos constituye una triste novedad la aparición del ejército en las calles rumbo a la Casa de Gobierno.[1]

Gardel inicia esta década con un estado anímico completamente alejado de su natural carácter dicharachero y expansivo. Razzano continúa haciéndole mal ambiente: es un hombre muy popular en el medio artístico, y en ese contexto reina, prodigando bendiciones o amagando diferencias con la soltura de un señor de la noche porte-

---

[1] Macaggi, José Luis, *Op. cit.*, pp. 21-23.

ña. Gardel comienza a experimentar una creciente desilusión ante los comportamientos desconsiderados de su ex compañero, del "viejo Pepe", camarada de farras, copas y *fijas* en el hipódromo. Realiza una gira por la Costa Azul y París, organizada por su agente Luis Pierotti. El éxito sigue acompañándolo; actúa y frecuenta personajes muy importantes del arte, de la cultura y las finanzas. Tiene un encuentro con Charles Chaplin en Niza, cuando hace su presentación en el Casino Mediterranée.[2]

Dice Charles Chaplin cuando lo ve:

"Su rostro, su apostura, su mirada, su arte, constituyen el centro de atención. El duende, su ángel, está presente en el rincón donde sonríe, no importa quiénes sean los hombres y las mujeres que lo rodean".

El brillo de los lujos ajenos y los proyectos alentadores alejan por un tiempo las tristezas que Gardel experimentara en Buenos Aires.

Le escribe a su amigo Leguisamo:

"(…) ¿Cómo es posible que con la plata que tenés no seas capaz de darte el gusto de descansar un poco la mano de las riendas? ¿Acaso hacés trabajar la del rebenque lonjeándote unos miles de pesos para conocer París de cerca? ¡Venite, Mono, venite, que yo te prometo diversión a pasto, sin contar que a vos París te va a enseñar más que un bachillerato![3]

Leguisamo no ha viajado más lejos que a Montevideo o a alguna estancia de la provincia de Buenos Aires. Mira la carta de Gardel abierta sobre su mesita de noche al lado de la imagen de la virgencita y decide viajar. Le pide permiso a don Francisco Maschio y éste le responde:

–¡Cuanto antes te vayas más pronto estarás de vuelta! ¡Andá a visitar a Carlitos, que anda medio de capa caída!

"Legui" llega a Niza y se encuentra con su amigo. Lo sorprende el boato de este balneario de extraordinaria belleza. Carlitos y "Legui" recorren la Costa Azul, almuerzan en diferentes lugares. Justo pueden presenciar los carnavales de Niza y concurren con asiduidad al *chateau* de Madame Wakefield, situado a ocho kilómetros de esa ciudad de la *riviera* francesa, donde se dan grandes fiestas.[4]

Carlos concurre con el "Mono" y sus amigos, entre ellos Luis Pierotti. Son invitados a una cena íntima, de gran lujo y comida ex-

---

2 Morena, Miguel Ángel, *Op. cit.*, pp. 131,141-142.
3 Leguisamo, Ireneo, *Op. cit.*, p. 180.
4 Leguisamo, Ireneo, *Op. cit.*, p. 181-182.

quisita. Cuando se sirve el postre, que consiste en una copa helada, Pierotti vuelca en un descuido todo el contenido sobre el vestido de la anfitriona. Ésta sin inmutarse pide permiso a sus invitados para levantarse, y vuelve a los pocos minutos luciendo otro vestido tan elegante como el anterior. Carlos, muy enojado, le dice a Luis en el camino de vuelta:

–Te dije que no hicieras ninguna macana, todo iba bien hasta que se te ocurrió arruinar el vestido de la vieja... ¡no se te puede sacar!

El pobre Pierotti está muy mortificado, y Leguisamo debe interceder para que Gardel deje de amonestarlo. Carlos siguió rezongando hasta llegar al hotel. Al día siguiente se reía a grandes carcajadas del episodio.[5]

Leguisamo parte hacia París un poco asustado, ya que Carlos se debe quedar un tiempo más en la Costa Azul por requerimiento de sus contratos. Edmundo Guibourg lo recibe y lo pasea por todos los lugares de atracción de la famosa ciudad.

A las dos semanas aparece Carlitos, decidido a hacer disfrutar intensamente a su gran amigo de las bellezas y las *farras* de París. No paran una noche. Los hermanos Mingo y Juan Torterolo prestigian el turf argentino transplantado a París. Con ellos y con Edmundo siguen gastando las noches: el *Garron*, el *Folies Bergère*, el *Maxim* y el *Vieux Paris*, señalado como nido de los apaches.

–¿Qué te parece esta carrera?– le pregunta Carlitos

–¡Déjame respirar... dame aire! ¡No me saqués tan apurado si no me querés ver doblando el codo, revoleando la cola!

Gardel en París es un niño mimado al que todas las mujeres sonríen y al que todos los hombres quieren tener en su mesa o en su palco.

–¿Y Mono...? ¿estás contento de haber venido? ¿Qué me contás de todo esto?

–¡Que es maravilloso...! ¡Para vivirlo por lo menos un par de meses cada año! ¿Y los hipódromos, che? ¿Cuándo me llevás a verlos?

–Has venido en mala época. Llegaste en pleno invierno. Francia apenas abre sus circos modestos y casi no se corren más que carreras de vallas. Pero igual voy a llevarte para que conozcas.

Y van a Auteuil, donde se corre con obstáculos.

–¡Esto no tiene nada que ver con nuestro Palermo o San Isidro!– exclama el "Legui".[6]

[5] Leguisamo, Ireneo, *Op. cit.*, p. 183.
[6] Leguisamo, Ireneo, *Op. cit.*, p. 185.

Carlos sigue con sus grabaciones, hace algunas en francés, y en la Costa Azul se presenta en el famoso *Palais du Mediterranée,* sala en la cual por este tiempo cosecha ovaciones la famosa "Mistinguette". Carlos, que extiende su prestigio en altos círculos sociales, tiene otro disgusto más. Aguilar, su guitarrista, un varón de buena planta, simpático y de charla desenvuelta, aquel que había propiciado el alejamiento del "Negro" Ricardo, lo invita a compartir una salida con unas *damiselas* que ha conocido en Niza, y que en realidad lo que quieren es llegar a Gardel utilizando al guitarrista. El cantor rechaza la invitación:

–Vos sabés que a mí no me gustan estas cosas en público, no tengo interés en esos programas en común.

Aguilar se queda sin las *minas.* La muchachada lo carga, ya que éste solía comentar en rueda de amigos sus conquistas consumadas o en trámite. Ofendido, sale diciendo que Gardel no es tan hombre como parece, es medio *blandengue...* Enterado el cantor de esos comentarios, le ordena a Luis Pierotti, su asistente, que le pague lo que se le debe y que le saque un pasaje de vuelta a Buenos Aires. "No lo quiero ver más..."[7]

Gardel pasa de la furia a la depresión.

Esa primavera y a principios del verano de 1931, su vida social es tan intensa como de costumbre. Con su viejo amigo Manuel Pizarro, que regentea *cabarets* propios, pasa muchas noches en el *Sevilla* o en el *Pigalle.* A veces concurre con el matrimonio Wakefield, sus benefactores, y en muchas oportunidades suele acompañarlos de regreso al departamento que tienen cerca de *L'Étoile* y rápidamente vuelve al *Pigalle* para seguir gastando la noche. En el cabaret *Villarosa Pigalle,* de Manuel Pizarro, se reúne una barra con todos los argentinos que están viviendo en Francia. Allí conoce Carlos a Gaby Morlay, una actriz que se encuentra en la plena fama. Se los ve juntos por todas partes, y nace entre el cantor y la actriz un romance que se prolonga casi todo el tiempo en que Carlos está en la ciudad. Sin embargo, jamás hace una confidencia a sus íntimos sobre esta relación.

Pasa mucho tiempo también con Julio de Caro, cuya orquesta fascina al público parisino. Una noche éste es contratado para tocar en la casa del barón Rothschild, donde se encuentra el famoso Aga Khan. Concurre con Gardel. De allí sale una invitación a ambos para

---

7 Macaggi, José Luis, *Op. cit.,* p. 45-47.

concurrir a Longchamp, donde se corre el Grand Prix de París, el último domingo de junio. ¡Una tarde inolvidable!... La fecha más significativa del calendario del turf francés. Princesas, duquesas, marquesas, condesas a granel, vestidas a la última moda. Paul Domer, presidente electo de Francia (quien más tarde es asesinado), encabeza la deslumbrante lista de notables asistentes. El diario *Le Figaro* habla de un memorable combate entre el caballo ganador, *"Barneveld",* y el segundo, *"Tourbillon".*[8]

La noche del 8 de julio, un grupo de argentinos se reúne en el departamento de Enrique de Rosas para celebrar al amanecer el día de la Independencia argentina. Justamente esa misma tarde de Caro ha tocado en la Sorbona, en una presentación organizada por Tomás Le Breton, embajador argentino en Francia. Están todos exultantes. Se canta y se brinda con abundante champagne.

Esa noche ambos amigos regresan caminando por las calles de Montmartre. Se despiden, ya que Gardel tiene que volver a Buenos Aires. Está triste, y le dice:

–Mirá, Julio, no te vayas. Buenos Aires es una gran ciudad. Yo la añoro permanentemente, añoro sus calles, los amigos, las carreras... pero, en verdad, cuando me encuentro en ella, me dan deseos de volverme acá, de irme lejos... El público nos quiere mucho, pero se hace cuesta arriba quedarse en Buenos Aires para ganarse el pan... No te vayas, quedate aquí y volvé a Buenos Aires de cuando en cuando como hago yo, como quien va a visitar los restos de una novia querida, que lleva en el corazón y a quien no puede olvidar...

Julio lo escucha en silencio y se da cuenta de que Carlitos se encuentra embargado por una gran tristeza. Se dan un fuerte abrazo... Ya no volverán a verse.[9]

Gardel regresa a Buenos Aires a bordo del *Conte Verde* el jueves 20 de agosto de 1931, acompañado por sus dos guitarristas, Riverol y Barbieri. En ese buque también viaja Gloria Guzmán y Augusto Álvarez, el gerente del lujoso cine *Broadway*, recién inaugurado. Éste se apresura a ofrecerle un nuevo contrato a Gardel, pero Carlitos sólo se queda nueve semanas en Argentina. Su objetivo es encontrar un nuevo guitarrista que reemplace a Aguilar. Barbieri le presenta a

---

[8] Collier, Simón, *Op. cit.*, p. 212-213.
[9] Collier, Simón, *Op. cit.*, p. 213.
Esta conversación es citada por De Caro en su libro *El tango en mis recuerdos* (1964).

Domingo Julio Vivas, que además de la guitarra toca el bandoneón y ha trabajado con Firpo y Canaro. Gardel lo contrata, le regala una guitarra y un smocking a medida. Actúa con este nuevo trío en programas radiales y, tal como había convenido con el señor Álvarez, comienza a actuar dos veces por semana en el cine-teatro *Broadway*. Se dedica a trabajar y acentúa su distanciamiento de los lugares céntricos, especialmente los frecuentados por Razzano. Los comentarios siguen: a los anteriores se agregan los relativos a su virilidad, alimentados por Aguilar y reforzados por alguna "damita" a quien Gardel no llevó el apunte. Con respecto a estos comentarios que persisten en el tiempo, la actriz Mona Maris dice algunos años después:
–¿Que Gardel no es bien hombre?... ¡Que me lo pregunten a mí!
Gardel mantiene una varonil reserva sobre sus relaciones amorosas, sin embargo su vida galante es larga y profusa. Muchas mujeres han pasado y siguen pasando por su existencia sin dejar ninguna huella. Se conoce, sí, su noviazgo con Isabel Martínez del Valle, pero en él no hay proyecto que incluya casamiento, nunca convivieron y tampoco la ve demasiado. Recibe innumerables regalos y alhajas de sus admiradores y admiradoras. Él después las vuelve a regalar.
Carlos siempre dice a los cronistas que le preguntan sobre su vida afectiva:
"Mi vida es mi carrera artística, no me queda energía para sostener un compromiso como el matrimonio y menos una familia. Toda mujer anhela que la deseen, ansía que la atiendan y está sedienta de ternura... y yo sería un mal marido. Es verdad que la vida de un soltero es solitaria y vacía, y mucho más en el caso de un artista, porque yo no puedo comportarme como un soltero común y corriente. Carezco de vida privada. Siempre hay alguien que me está observando. Cada vez que me ven con una joven, corren rumores sobre una aventura amorosa. Por suerte tengo a "la viejita" y a mis amigos. Además debo viajar permanentemente."
Y así es. En 1928 sólo permanece en Argentina tres meses y en 1929, apenas seis. Durante 1930 se queda en Buenos Aires, pero en 1931 únicamente se hace ver en el país unos sesenta días.
Las primeras películas sonoras se hacen en Argentina en 1931. Gardel interviene en algunos *sketchs*. Tienen diálogos y Gardel habla con Celedonio Flores, Enrique Santos Discépolo, Francisco Canaro y Arturo Nava. También anima un *scketch* en el que canta el tango *Viejo Smocking* con los actores César Fiaschi e Inés Murray. Estas películas las produce Federico Valle y las dirige Eduardo Morera. Son filmadas en un viejo galpón de la calle Méjico. A esta serie de películas la titulan *Gardel, el Zorzal criollo*. Se proyectan en los cines como si fue-

ran noticieros. Pero cuando Gardel las ve, no le gustan para nada. "Si necesitan más plata que lo digan. ¡Caramba! ¡No hay derecho a complicarlo a uno en estas cosas sin jerarquía!"[10]

Otra pena significativa se le agrega: se entera de la muerte de su amigo de siempre, compañero de correrías, Juan Caruso. Es el autor de quien Gardel ha grabado más obras.

El Zorzal no sólo está molesto por la ola de rumores envidiosos, lo que más le duele es la actitud pasiva de algunos que se dicen "amigos" y que comparten, sin protestar, las mesas del bar y hacen oídos a los comentarios insidiosos. La realidad es miserable, y el arte constituye su metáfora. Sólo los que están en él saben de las miserias, las traiciones, las envidias que despierta el espectáculo. "Y no obstante no hay actividad más maravillosa, no hay mayor placer que subir a un escenario y sentir que uno es más que su persona, que uno es el sueño de uno mismo." Pero la situación se vuelve insoportable.

"Con esto, cartón lleno... No sé cuándo volveré a cantar en estos lugares. Y chau Buenos Aires."[11]

Toma el *Conte Rosso* rumbo a Europa. No tiene fecha de retorno. Se va solo, sin sus guitarristas, a ellos les dice que todos los meses tendrán algún dinero y que están en libertad de tomar trabajos. "No sé cuándo volveré...", repite meneando la cabeza.

El *Conte Rosso* empieza a zarpar del muelle del puerto de Buenos Aires la mañana del 28 de octubre de 1931. El día de la partida, el buque se halla envuelto por la niebla. Carlos está solo en la borda. Y así es como se siente, envuelto en una intensa soledad, como si zarpara con rumbo a lo desconocido. No puede dejar de contemplar la niebla y pensar... "¿Qué va a ser de mi? ¿Qué clase de mundo me aguarda más allá de la niebla?" La verdad es que todo, todo lo que le ha pasado en Buenos Aires le clava espinas... se siente como atravesado por flechas en todo el cuerpo.

Se acuña un dicho popular: "tomate el Conte Rosso", o "tomate el buque".[12]

---

[10] Macaggi, José Luis, *Op. cit.*, p. 28.
[11] Macaggi, José Luis, *Op. cit.*, p. 24.
[12] Orgambide, Pedro, *Op. cit.*, p. 104.

9
Al rodar en tu empedrao...

Mi Buenos Aires querido
cuando yo te vuelva a ver
no habrá más pena
ni olvido...

Gardel-Le Pera, *Mi Buenos Aires querido*, 1934

Desde su llegada a París, entre noviembre de 1931 y los primeros meses de1932, Carlos tiene muy poca actividad artística. Está en Francia, en la Costa Azul. Le escribe a su amigo Armando Defino:
"(...) Estoy rebuscándomelas... me las rebusco como puedo, pues hasta febrero no empiezan las producciones de films, pero capeo el temporal. Porque en Buenos Aires no hago más que trabajar. En cambio, aguantando un poco de tiempo aquí, espero salir de mis deudas y estar tranquilo; es la única manera de tener unos pesos y quedar libre. No sabés lo que es estar lejos de la madre y de los buenos amigos..." [1]

Gardel sigue actuando en locales pequeños, de segunda o tercera categoría, esperando poder filmar, que es lo que más anhela en estos momentos. Lo poco que gana significa el doble, al no tener que compartirlo con Razzano; además en París no va a las carreras, y de paso se aleja de su novia Isabel, de quien quiere liberarse. A fuerza de economías ha reunido el dinero para levantar la hipoteca de la casa de su madre. Ha conseguido un contrato con la Orquesta Colonial de Francia y hace giras por la Costa Azul. Defino le escribe diciéndole que debe dinero al sello Odeón porque Razzano ha retirado fuertes sumas a cuenta de futuras grabaciones del cantor. En Barcelona comienza a grabar para el sello y así achicar la deuda. Se lo ve con Samitier, un jugador de fútbol del club de esa ciudad. Si bien a Gardel

---

[1] Macaggi, José Luis, *Op. cit.*, p. 179.

no lo apasiona el fútbol, se ha hecho muy amigo de ese jugador y también de Zamora, un fabuloso arquero español al que llaman "el Divino". Gardel tiene amigos en todos los círculos: los tiene entre la nobleza europea, en el Abasto, en pleno centro, en el mundo artístico, en el turf, en el box, en el fútbol, y hasta en cualquier ignoto barrio de las sierras cordobesas. Su simpatía es arrasadora.

Durante algunas semanas se queda en París. Comienza a tomar clases de canto con la cantante francesa Ninon Vallin, muy conocida en Sudamérica, y pasa un tiempo en su casa –"La Sauvagère"– en Millery, pueblo cercano a la ciudad de Lyon.[2]

Visita a los parientes de Toulouse, viaja a Nápoles y a Londres. A esta ciudad va con Edmundo Guibourg, su gran amigo "Pucho", para ver un partido de fútbol. Por las noches sale con él a correr por las calles de Londres –de Picadilly a Chelsea– y en esos paseos evocan sus años de juventud en el Abasto, sus incursiones por los comités. Uno de esos días en que están haciendo *footing* en plena niebla, sienten el ruido de cascos de caballos. Miran entre la neblina espesa y ven un carro de verduras. Son las tres o las cuatro de la mañana... las calles están desiertas. Cuando pasa el carro, Gardel se queda como paralizado.

–¡Pucho!, ¿a qué te hace acordar esto?

–¡El Abasto...!– contesta Guibourg, y mira el carro fascinado.

Habían visto el Abasto, pero en las nubes.

–Lo trajimos con el recuerdo...– dice Carlos, nostálgico...[3]

El 9 de diciembre de 1931, los dos amigos presencian el partido Inglaterra-España, en el estadio del club *Arsenal* del barrio de Highbury. La selección local gana por goleada: 7 a 1. Carlos no actúa en Inglaterra, pero es el mejor lugar para comprar ropa, su debilidad.

Gardel está empecinado en filmar. En un viaje anterior había compartido la travesía con los autores teatrales Manuel Romero y Luis Bayón Herrera. Gardel les sugiere la filmación de una película de tema

---

2 Collier, Simón, *Op. cit.*, p. 218.
  La posibilidad de un contacto entre Ninon Vallin y Carlos Gardel fue comunicada por Christopher Busby, de Londres, en base a una reminiscencia de una amiga de Ninon que contó que en *La Sauvagère* se conservaba una habitación a la cual denominaban "Habitación Gardel". Ninon Vallin, una artista del sello Odeón, tenía una gran reputación en Buenos Aires por sus actuaciones en el Colón. También había ganado mucha fama como profesora de canto.
3 Collier, Simón, *Op. cit.*, p. 219.

argentino. Una vez en París, les reitera la idea, apoyado por el director chileno Adelqui Millar. Y así es como se gesta *Luces de Buenos Aires*.

"*(...) Me quedo a muerte, debo hacer películas. No quiero tirarme a tomar sol en las playas; no quiero cantar más allí (...) Las cosas andan un poco apretadas, pero paciencia, dentro de un mes, a más tardar, empezaré*", le escribe a Defino.[4]

Después de *Luces de Buenos Aires*, le toma el gustito al cine.

Razzano, muy disgustado por el giro que han tomado los acontecimientos, le exige a Defino que rompa su contrato verbal con Gardel, alegando que él es el representante del cantor. Defino le escribe a Carlos contándole estos pormenores. Gardel le contesta:

"*... cuando llegue organizaré mis asuntos en debida forma, nombrándote mi apoderado general...*"[5]

Defino le va organizando todos los asuntos, levanta la hipoteca de la casa, adquiere un piano nuevo (un Bechstein de cola) y visita asiduamente a doña Berta, que lo espera siempre con un vaso de vermouth. Sermonea a Gardel sobre la necesidad de una mayor prudencia en los gastos, y le sugiere que invierta en propiedades. Le escribe a Defino:

"*Creo que este año salgo a flote y te juro que será para siempre... no más locuras...*"

Madame Sadie Wakefield tiene acciones en la *Paramount* y ayuda en las negociaciones. Esta inglesa, mujer madura poco atractiva, con la cual Gardel trata de mostrarse lo menos posible para que no le endilguen el mote de *cafisho*, es quien motiva el cambio en la situación del cantor. Financia sus primeras películas en Francia, distribuidas por la *Paramount* y gestiona su ida a Estados Unidos. Muchas veces, cuando Carlos aparece con Sadie, se encuentra con los amigos y les dice: "Muchachos, llegó *el bagayo*". Ella sonríe, ya que no entiende el castellano.[6]

Gardel ya ha filmado *Luces de Buenos Aires* en mayo de 1931 –dirigida por Adelqui Millar, con argumento de Manuel Romero y Luis Bayón Herrera–, con Gloria Guzmán, Sofía Bozán, Pedro Quartucci y Vicente Padula. Interviene Julio De Caro con su celebrada orquesta

4 Defino, Armando, *Op. cit.*, p. 84.
5 Collier, Simón, *Op. cit.*, p. 220.
6 Fernández, Augusto, *Op. cit.*, p. 80.
   Según testimonio de Israel Chas de Cruz, en *Gardel y su época*, en Castillo compilaciones, p. 47.

típica y su cantor, Luís Díaz. La acción se desarrolla en el campo y la ciudad. Aunque el tema es algo trillado, con detalles para la exportación –como la escena del gaucho que enlaza a su amada en el palco de un teatro–, la película se deja ver con agrado y ofrece a Gardel la oportunidad de cantar el tango *Tomo y obligo* y una bella canción titulada *El Rosal*, con música de Gerardo Matos Rodríguez, compositor de *La cumparsita.*

Al pie de un rosal florido
me hiciste tu juramento
pero el rosal se secó
marchitado por el viento
y el amor por el olvido
con las notas de mi canción
ve como llora mi corazón.

El éxito comercial es muy importante. La empresa gira copias a países que no son de habla hispana. En España y América el público interrumpe la exhibición después de que Carlitos canta *Tomo y Obligo* y pide que vuelvan la máquina atrás para escucharlo de nuevo.

Tomo y obligo mándese un trago
si hoy necesito el recuerdo matar
sin un amigo, lejos del pago
quiero en su pecho mi pena volcar
Beba conmigo y si se empaña
de vez en cuando mi voz al cantar
no es que la llore, porque me engaña
que un hombre macho, no debe llorar.[7]

El 25 de mayo de 1932, Gardel canta por radio desde París en un programa destinado a celebrar la fiesta nacional. Lo hace en radio Colonial de París y la audición es retransmitida por tres emisoras al Río de la Plata. Habla el embajador Le Breton y, acompañado por la orquesta de Manuel Pizarro, Gardel canta dos temas: el viejo estilo *Amargura* y el tango *Mano a mano*. Doña Berta lo escucha emocionada

7   Russo, Juan Ángel, *Op. cit.*, *Tomo y Obligo* (tango) (Letra de Manuel Romero. Música de Carlos Gardel), p.120.

desde su casa de Jean Jaurés en compañía de sus amigos Fortunato y
Anais y de Defino y señora.[8]

Gardel, acicateado por Louis Garnier, le propone una nueva película a *Paramount*, que acepta. Gardel se juega y les dice que ya tiene
el guión, pero no es así. Se aboca entonces ansiosamente a buscar un
autor. Se lo propone a su amigo y periodista Edmundo Guibourg,
pero éste le responde que él de guiones no sabe nada. La casualidad
hace que en el hipódromo de *Longchamps* se encuentre con un joven
ex periodista de la Sección Teatros del diario *Ultima hora*, al que conoce sólo de vista. Se trata de Alfredo Le Pera. Se lo presenta su
amigo Edmundo Guibourg.

Este autor de tantos versos de tango memorables trabaja haciendo traducciones de leyendas para películas. Hijo de inmigrantes italianos, nace en Brasil, aunque es anotado a los pocos meses en Buenos
Aires. La infancia y la adolescencia de Le Pera transcurren en esta
ciudad. Se recibe de bachiller e ingresa en la carrera de Medicina,
pero poco dura en estos estudios ya que su verdadera vocación es artística. Comienza a trabajar como periodista teatral, escribe para el
diario *El Telégrafo* y después para *Última Hora*. Le Pera, que domina el
francés, viaja en 1930 a París para desempeñarse en la empresa *Artistas Unidos* como traductor de los títulos sobre-impresos de los films
que han de exhibirse en países de habla hispana.[9]

A partir de este encuentro, Le Pera se constituye en el más activo colaborador del Morocho. Como poeta de gran inspiración crea
letras bellísimas –influenciado por uno de los poetas del momento:
Amado Nervo– que Carlos inmortaliza a través de películas y versiones discográficas. Se revela como un avanzado de los letristas mo-
dernos sacando al tango de los tajos, las puñaladas y de los ambientes sórdidos y adoptando el tono nostálgico del pasado perdido,
característica dominante de los neorrománticos. Es la simple perse-
cución del recuerdo, la nostalgia por lo irrecuperable, una lucha por
mantener la memoria contra las destrucciones del tiempo: "*Vivir con
el alma aferrada a un dulce recuerdo que hoy lloro otra vez*".

Gardel participa en la confección de los argumentos. El tango
Silencio surge de una idea de Carlos, que recorriendo un cementerio
de París observa cinco tumbas con el mismo nombre de individuos

---

8 Macaggi, José Luis, *Op. cit.*, p. 181.
9 Collier, Simón, *Op. cit.*, p. 225.

muertos en la guerra del 14. Ahí crea la historia y la música con la colaboración de Horacio Pettorossi, y Le Pera escribe la poesía.[10]

Silencio en la noche, ya todo está en calma
el músculo duerme, la ambición descansa...

Eran cinco hermanos, ella era una santa
eran cinco besos que cada mañana
rozaban muy tiernos, las hebras de plata
de esa viejecita, de canas muy blancas.
Eran cinco hijos que al taller marchaban

Un clarín se oye, peligra la Patria
y al grito de ¡Guerra!... los hombres se matan
cubriendo de sangre los campos de Francia.
Hoy todo ha pasado, renacen las plantas
un himno a la vida los arados cantan.
Y la viejecita de canas muy blancas
se quedó muy sola, con cinco medallas
que por cinco héroes la premió la patria.

Silencio en la noche, silencio en las almas.[11]

Espérame es la siguiente película que filma Carlos –dirigida por Louis Garnier, sobre argumento de Gardel y Alfredo Le Pera–. Luego, en 1933, *La casa es seria* –dirigida por Jaquelux, sobre libro de Alfredo Le Pera– con Imperio Argentina.

Al Morocho se le corta la mala racha.

---

[10] Collier, Simón, *Op. cit.*, p. 227.
[11] Russo, Juan Ángel, *Op. cit.*, p.129-130. *Silencio* (tango) (Letra y Música de Alfredo Le Pera, Carlos Gardel y Horacio Pettorossi).

10
Alma inquieta de un gorrión sentimental...

Barrio, plateado por la luna
rumores de milonga
que es toda mi fortuna...

Carlos Gardel-Alfredo Le Pera, *Melodía de arrabal*, 1934

Y llega la Melodía...

"Hay un fueye que rezonga, en la cortada mistonga", escribe Le Pera. Es una poesía sentida, evocadora, descriptiva de ese barrio que tiene el alma inquieta de un gorrión sentimental. A Carlos le da vueltas la letra y empieza a silbar la melodía mientras camina por los bulevares de Montmartre. De pronto descubre que puede componer, aunque no sepa escribir música. Ya sus "escobas" se encargarán de hacerlo. [1]

A comienzos de 1932, Isabel, su novia, se encuentra en Milán estudiando canto –por supuesto financiada por Carlos–. Esta pareja, que había comenzado bien, empieza a desgastarse. Los continuos pedidos de dinero por parte de la joven y de los miembros de su familia, así como los reclamos y las quejas de Isabel respecto del desapego que Carlos le demuestra, terminan por cansar al cantor. Él está filmando en París, pero no va nunca a verla a Milán. Isabel le pide dinero para viajar a Lugo con su madre y visitar a su abuela – *"una pobre viejita que quién sabe cuándo volveré a verla porque está muy enferma"*, le escribe–. Ella conoce bien la fina sensibilidad de Carlos y trata de explotarla de esta manera. *"Tu mujercita que te adora"*, le dice en las cartas, y a continuación le pide que le regale un anillo de brillantes para su cumpleaños. Luego vuelve a la carga: protestas porque no se ven seguido, esperanza de que esta situación acabe pronto, soledad y deseos de estar con él y, como siempre, los pedidos constantes de dine-

---

[1] Revista *Gente y la actualidad, Op. cit.*, p. 41

ro, regalos, ayuda económica para ella y para su familia [2]. El enfriamiento de estas relaciones no agrada a los amigos de Gardel, la mayoría de sus integrantes reprueban el propósito de Carlos de romper con Isabel.

Gardel y Le Pera crean *Melodía de Arrabal* y se filma la película –con música de Carlos, letra y guión de Alfredo, dirigida por Louis Garnier–. Junto a Gardel actúan Imperio Argentina y Vicente Padula. Esta película también recorre con gran éxito los cines de América y España. Al público poco le importa el argumento y los diálogos, lo que quiere es que al sonar los compases del tango surja en primer plano la cara de Gardel y su voz sentida, dolorida o evocadora, que establece una profunda relación con los espectadores. También canta *Cuando tú no estás* y el tango *Silencio*. Imperio Argentina interpreta *Evocación, No sé por qué* y *La marcha de los granaderos*. A dúo interpretan *Mañanita de sol.*

Carlos regresa a Buenos Aires en el vapor *Giulio Césare*, que llega el 30 de diciembre de 1932

–¿Qué puede decirnos de su viaje?– le preguntan los periodistas de *La Nación*.

–¡Macanudo, viejo! ¡Macanudo!... pero después de seis meses ya comienza a hacerme cosquillas la nostalgia y ya tengo ganas de rajar para el pago... y como esta vez la ausencia duró catorce meses, calculen las ganas que tenía de cachar el piróscafo y verme otra vez en la calle Corrientes, en Palermo, en el Hipódromo... El éxito del tango en Europa es algo sensacional. En Barcelona cuando se exhibe la película *Luces de Buenos Aires*, cuando termino de cantar *Tomo y Obligo*, el público aplaude tan frenéticamente que deben interrumpir la exhibición y volver la película hacia atrás, en la parte que contiene el tango para pasarlo de nuevo...[3]

Esos largos meses afuera le proporcionan muchas enseñanzas. Tiempos duros, pero aleccionadores. Descubre su pasión por el cine, que además le resulta más descansado que llenar con la voz toda una sala *a puro pulmón*. Por otra parte ha descubierto una nueva veta en su talento: la de compositor, al lado de excelentes letristas como Le Pera y Battistella. A menudo anda con letras en los bolsillos –siempre de

---

[2] Aballe, Guadalupe Rosa, "La novia de Gardel", en *Todo es historia*, N° 431, *Op. cit.*, pp. 68-71.

[3] Morena, Miguel Ángel, *Op. cit.*, p. 146. (Nota de *La Nación* del 31-12-1932.)

Le Pera–: no escribe música, silba o tararea la melodía o utiliza un código numérico inventado por él para que luego sus músicos lo vuelquen al pentagrama.

Regresa con otro ánimo, ha dejado atrás la amargura. Lo acompaña su fiel amigo Horacio Pettorossi. Una vez en su casa, después de contar los detalles de sus andanzas, se apresura a hacerles conocer a su madre, a doña Anais y don Fortunato, a su amigo "el Aviador" y a Armando Defino las canciones de las películas que ha filmado en Joinville. Le entusiasma el hecho de que son habladas en castellano y van a competir en el mercado latinoamericano, donde el público debe enfrentar diálogos en inglés o perder partes expresivas de las imágenes por limitarse a leer los sobreimpresos, o sencillamente quedarse en ayunas para el caso de los analfabetos.

Vuelve a la carga con el tema *guita* con "el Oriental". Le exige que le aclare cuál es la disponibilidad de dinero, deudas y compromisos contraídos. Las respuestas son vagas e imprecisas: malas inversiones, grandes gastos por la enfermedad de Doña Berta (enfermedad que no existió). Gardel acopia información de diversas fuentes y toma una determinación: rompe definitivamente con Razzano y literalmente rompe frente a él el contrato que lo había mantenido obligado desde 1925. Le otorga poder general a Armando Defino, que sin acreditación legal le venía atendiendo los asuntos. Defino le pide que haga un testamento ológrafo a favor de su madre, por el tema de sus documentos uruguayos.

"Éste es mi testamento. En esta ciudad de Buenos Aires, el día siete de noviembre de mil novecientos treinta y tres, encontrándome en pleno goce de mis facultades intelectuales, otorgo éste, mi testamento ológrafo, disponiendo en él de mis bienes para después de mi fallecimiento en la siguiente forma: Primero: soy francés, nacido en Toulouse, el día 11 de diciembre de 1890, y soy hijo de Berthe Gardes. Segundo: hago constar expresamente que mi verdadero nombre y apellido es Carlos Romualdo Gardes, pero con motivo de mi profesión de artista he adoptado y usado el apellido "Gardel" y con este apellido soy conocido en todas partes. Así mismo hago constar que tengo en los bancos, expresamente en el Banco de la Nación Argentina, así como mis títulos de propiedad y demás papeles, figuran invariablemente con mi nombre y apellido de adopción, o sea, Carlos Gardel. Tercero: soy de estado soltero y no tengo hijos naturales. Cuarto: no debo suma alguna y perdono a todos los que me deben. Mis bienes resultarán de los títulos y papeles que tenga a la fecha de mi fallecimiento. Quinto: nombro por mi única y universal heredera de todos mis bienes y derechos a mi nombrada madre, Berthe Gardes. Sexto: nombro mi albacea testamentario a mi amigo Armando Defino,

para que liquide lo testamentario y asesore a mi nombrada madre durante la tramitación de la misma. No teniendo otras disposiciones que hacer, hago constar que el presente ha sido redactado de mi puño y letra y de una sola vez lo firmo en la fecha arriba indicada. Carlos Gardel." [4]

"No debo suma alguna y perdono a los que me deben...", dice Gardel en su testamento. Grandeza y austeridad. No nombra a quienes le deben ni tampoco hace ostentación de riqueza.

¿Por qué escribe un testamento a los 42 años, sano, en pleno apogeo de su carrera? Hay una explicación: tiene documentos falsos que alteran su edad y su lugar de nacimiento. Tiene urgencia en dejar sus cosas en orden. Lo espera una gira de dos años y si algo le pasa, su madre, lo que él más quiere en el mundo, queda desprotegida.

Y no se equivocó...

La noche del estreno en Buenos Aires –el 5 de abril de 1933, en la sala del cine *Porteño* de la calle Corrientes– de la película *Melodía de Arrabal* se convierte en una especie de delirio colectivo. Acompañado por un grupo de amigos, Gardel llega caminando lentamente mientras la multitud lo ovaciona. Viste con elegante ropa de gala. Luce un abrigo azul oscuro, pañuelo de seda a lunares a manera de *echarpe* y su infaltable *Orion* claro, que lleva algo requintado sobre una oreja, imprimiendo a todo ese elegante conjunto un aire muy porteño de *dandy compadrito.* El público delira y Carlitos agradece con su sonrisa luminosa y cautivante.

> *Barrio, barrio...*
> *que tenés el alma inquieta*
> *de un gorrión sentimental*
> *Pena, ruego...*
> *es todo el barrio malevo*
> *melodía de arrabal*
> *Viejo... barrio*
> *perdoná si al evocarte*
> *se me pianta un lagrimón*
> *que al rodar en tu empedrao*
> *es un beso prolongao*
> *que te da mi corazón.* [5]

---

[4] Defino, Armando, *Op. cit.*, pp. 51-52.
[5] Benedetti, Héctor Ángel, *Op. cit.*, p. 33. *Melodía de Arrabal* (tango) (Letra de Alfredo Le Pera. Música de Carlos Gardel).

En oportunidad del festejo del cumpleaños de Anais Beaux, en esta misma época y mientras Carlos está proyectando su viaje a Estados Unidos, doña Berta le pregunta:

–Hijo, ¿por qué no te casás?

–Pero vieja, pudiendo hacer felices a tantas, ¿para qué voy a hacer mártir a una sola?– le contesta Carlos, haciendo una broma que tiene bastante de verdad.[6]

Carlos es un solterón empedernido. Nunca pensó en casarse y justamente en ese momento está tratando de romper su larga relación con Isabel. Berta no le tiene demasiada simpatía a la "novia oficial" de su hijo, la ve demasiado joven y demasiado interesada en el dinero. Ella, que es la imagen del ahorro y la austeridad.

Tras su larga ausencia, Carlos comienza a acomodarse nuevamente en el afecto de sus amigos y compatriotas. Tiene en mente emprender grandes proyectos en su país. Ya está en él instalada una preocupación: prever su futuro para el día en que se le desgaste la voz.

"¿Qué hay de nuevo?", pregunta a los autores de esa época. Entre las obras nuevas están *Milonga del 900* y *Milonga Sentimental*, de Piana y Manzi, un binomio que está dando que hablar; *Secreto*, de Discépolo; *Me enamoré una vez*, de Canaro; *Ventarrón*, de su amigo Pedro Maffia; *Angustias, Aguafuerte, Noches de Atenas*, de su guitarrista Horacio Pettorossi; de Barbieri, su otro guitarrista, graba *La novia ausente, Mi manta pampa, El que atrasó el reloj*; de Enrique Delfino, *Araca la cana*; de Angel Greco, *Naipe Marcado*; *Si soy así*, de Francisco Lomito... Luego, otras grabaciones de su autoría como: *Melodía de Arrabal, Criollita decí que sí, Recuerdo Malevo, Estudiante, Cuando tú no estás, Silencio, Desdén, Suena Guitarra, A mi madre*...

Omite a algunos autores consagrados que habitualmente había cantado por el hecho de que la mayoría de ellos permanecen cerca del "coro insidioso" orquestado por Razzano.

Ahora cuenta con cuatro "escobas", ya que Petorossi ha accedido a trabajar con Barbieri, Riverol y Vivas. Graba sesenta canciones en los estudios Max Glücksmann. Está más activo que nunca. Por las noches sale a cenar con los amigos y generalmente termina en el *Chantecler*, el cabaret de la calle Paraná. Allí se encuentra con Leguisamo, Spaventa (un cantor de tangos), Defino, Celedonio Flores... y una noche le presentan a un joven bandoneonista que toca

---

[6] Revista *Gente y la actualidad, Op. cit.*, p. 115.

en la gran orquesta de Julio de Caro: se llama Aníbal Troilo, le dicen "Pichuco". [7]

Carlos acepta participar en una revista musical titulada *De Gabino a Gardel*, en la cual, a través de una serie de sketches, se describe la música popular y la sociedad porteña desde los payadores (Gabino Ezeiza) hasta el tango canción (Carlos Gardel). Vuelve a las giras por las provincias, a los mismos lugares que recorrió al comienzo, allá por el año 1913. Así se presenta en Zárate, Bragado, Nueve de Julio, Mercedes... llega hasta Bahía Blanca. En el pueblo de Azul, una multitud de gente humilde que no podía entrar al teatro se reúne en la vereda. Gardel los invita al hall y allí canta para ellos. Mendoza, San Juan, Córdoba, además de las apariciones en las salas de la ciudad de Buenos Aires. Carlos se encuentra envuelto en una especie de frenesí. Es como si quisiera en este año despedirse de todos y estar con todos.

La última intervención personal de Carlos en las *broadcasting* tiene lugar desde Radio Belgrano. Su interpretación final son las notas y las palabras nostálgicas de Romero y Jovés:

> *Buenos Aires, la reina del Plata*
> *Buenos Aires, mi tierra querida*
> *escuchá mi canción,*
> *que con ella va mi vida...*[8]

El gentío desborda y llena la calle Belgrano hasta la esquina de Entre Ríos, Gardel sale en vilo, estrujado por cientos de manos. Por fin llega jadeando al automóvil que lo espera. Con una mano se oprime el pecho, sobre el lado izquierdo.

–¿El corazón, Carlos?– le preguntan

–¡No, la cartera!– aclara, y hace un guiño de complicidad.[9]

---

[7] Collier, Simón, *Op. cit.*, p.231.
[8] Benedetti, Héctor Ángel, *Op. cit.*, pp. 29-30. *Buenos Aires* (tango) (Letra de Manuel Romero. Música de Manuel Jovés).
[9] García Jiménez, Francisco, *Op. cit.*, p. 262.

11
Se van las penas del corazón

Quiero que sepas
que al evocarte
se van las penas del corazón.

Alfredo Le Pera-Carlos Gardel, *Mi Buenos Aires querido,* 1934

En julio de 1933, en medio de tribulaciones y desencantos, Carlos tiene un respiro. Le llega la oferta para trabajar en Nueva York, por intermedio del músico Hugo Mariani, quien se encuentra a cargo de la *National Broadcasting Company,* la cadena de radios más prestigiosa de Estados Unidos. Le ofrecen 350 dólares semanales. Para calcular lo que le cuesta a la NBC la presentación de Gardel, hay que agregar los sueldos de los directores musicales, orquesta, propaganda, arreglos musicales, etc. ¡Una fortuna para esa época![1]

El 5 de noviembre actúa por última vez en la sala *Río de la Plata,* de Parral y Gaona. Al día siguiente se despide por *Radio Nacional:*

"Estimados oyentes de la Capital, del Interior y de Uruguay: Los directores de Radio Nacional, con su reconocida gentileza, me han brindado esta noche el micrófono para que por su intermedio pueda despedirme de ustedes con motivo de mi partida al extranjero... Ahora me ausento temporariamente rumbo a Europa y Nueva York, previo un pequeño descanso, para cumplir con contratos contraídos y tratar de conquistar nuevos laureles para ofrendarlos a ustedes, mis queridos oyentes, y compensar así toda la estimación y simpatía que, como antes dije, me han dispensado..." (Revista Antena, 11/11/1933)[2]

Hace las tres últimas grabaciones: *Tu diagnóstico, El tirador plateado* y *Madame Ivonne.* Este último tema, de Cadícamo y Pereyra, tiene un éxito sin precedentes.

---

[1] Morena, Miguel Ángel, *Op. cit.,* p. 172.
[2] Morena, Miguel Ángel, *Op. cit.,* p. 166.

Desde 1921, la época de *los felices veinte,* cuando los norteamericanos, igual que los europeos, entraban en las filas de las nuevas exageraciones y locuras, en Nueva York como en París, el tango se convertía en suceso. Fresedo y Delfino actuaban en un show denominado *Argentine Indians from the Pampas*: Fresedo vestido de gaucho tocando el bandoneón y Delfino, semidesnudo, caracterizado como indio, tocando el piano. Alice Terry, una bella actriz de Hollywood, bailaba un tango con Rodolfo Valentino, un bello italiano que hacía de *latin lover* y que enloquecía a cientos de miles de mujeres. Esta locura colectiva duraría hasta 1926, cuando muere Valentino, provocando una docena de suicidios entre sus admiradoras. Había bastado con que Valentino bailara el tango para que éste se impusiera.

En Nueva York, como en París, la ciudad llama a músicos argentinos. Viaja Juan Carlos Cobián, Francisco Canaro, Osvaldo Fresedo. El descubrimiento de la moda tanguera en Nueva York hace que se lo convoque a Carlos Gardel. Lo ven como el sucesor de Rodolfo Valentino.

A principios de noviembre de 1933, el cantor se aleja de Argentina, en el *Conte Biancamano.* Ya no volverá. Como siempre, viaja con un abultado equipaje: baúles y más baúles, una manía suya que deja vacíos los roperos. En su primer viaje a Europa en 1923, había llevado 10 baúles de equipaje.[3]

Ha firmado un documento en que formaliza la adquisición de un terreno de 600 metros cuadrados en Carrasco, Uruguay, para construir una hermosa y amplia casa donde piensa vivir, cuando se retire, en compañía de su madre y sus amigos.

El domingo 5 de noviembre, Francisco Maschio le organiza una despedida en su *stud* de San Isidro. Carlos concurre estrenando una corbata de seda que le ha regalado un príncipe italiano que no se pierde ninguna de sus actuaciones. Están presentes sus cuatro guitarristas, así como Defino, "el Aviador", Leguisamo, el actor César Ratti, miembros del Centro Gauchesco *Leales y Pampeanos* y la orquesta de Edgardo Donato[4]. Un menú selecto, mucho vino, chistes y bromas. Toca la orquesta, canta Carlitos y no puede faltar la "payasada". Carlos y "Legui" se fotografían simulando tocar el bandonéon con los integrantes de la orquesta. Es un modo de decir adiós...[5]

---

[3] Revista *Gente y la actualidad, Op. cit.*, p. 67.
[4] Collier, Simón, *Op. cit.*, p. 241.
[5] Revista *Gente y la actualidad, Op. cit.*, p. 114.

Una noche antes de partir, Gardel concurre a la casa de Razzano para despedirse y quizá reconciliarse. Gardel no puede sostener un enojo ni un alejamiento de las personas que tienen significado para él. La cena termina en una fuerte discusión. Gardel se marcha luego de pedir disculpas a Cristina, la esposa de Razzano, y a las dos hijas, Chichita y Pepita. A ellas les dice que no se preocupen, porque "mientras yo viva, no van a quedar desamparadas". Es la ruptura definitiva.[6]

En quince días estará en Barcelona. Lo acompañan Armando Defino, Adela, su esposa –que se quedará en España visitando familiares–, Horacio Petorossi y Alberto Castellanos. Desde Barcelona, en su propio automóvil, se traslada a Toulouse a ver a su madre, que ha viajado a visitar a la familia... y de allí, a París. Se instala en la Rue Arcade 14, a mitad de camino entre *La Madeleine* y la *Gare Saint Lazare*.

Su amiga, admiradora y mecenas Sadie de Wakefield lo despide con una cena íntima en el reservado del *Café de Paris*, al que concurren dos matrimonios amigos de Madame; una amiga, que oficia de dama de compañía de la señora; y los tres acompañantes de Gardel: Defino, Castellanos y Pettorossi. El menú comienza con caviar, le siguen exquisitos platos de cocina francesa, los mejores vinos y licores y por supuesto champagne, para brindar por los éxitos de Carlos en Norteamérica. Gardel ameniza la sobremesa cantando, acompañado al piano por Alberto Castellanos.[7]

Antes de embarcar va a despedirse de Manuel Pizarro, que ahora tiene un local llamado *Chez Pizarro,* donde actúa con su orquesta y con el cantor Roberto Maida.

El otoño agoniza sobre un París que no pierde su alegría y su encanto a pesar de las conjeturas políticas y de los rumores de una nueva guerra... Pero nadie quiere escuchar eso. Gardel camina por sus calles, se despide de esa ciudad que supo brindarle el éxito, mientras la niebla se filtra, envolviendo las cornisas de los altos palacios y mojando las veredas con su fina llovizna. "París es y será siempre París", piensa Carlitos.

El 23 de diciembre de 1933, parte desde Cherburgo con el vapor *Champlain* rumbo a Nueva York. Defino pasa a buscar a su es-

---

6 Defino, Armando, *Op. cit.*, p. 101.
7 Collier, Simón, *Op. cit.*, p. 249.

posa por España y regresa a Buen᳉s Aires, Le Pera queda en París y
Pettorossi y Castellanos acompañan al Zorzal.[8]

Nueva York es para Carlos el resplandor y el vértigo de todo lo
nuevo. Se pierde en sus calles sin conocer o conociendo mal su idioma,
adivinando a la ciudad por señas, por gestos, por las inscripciones,
las letras, los números, las voces que le llegan del interior de los negocios, y se va acostumbrando poco a poco a su fiebre. Se sumerge
en el olor y el ruido de la ciudad, se acostumbra a la mirada de los
negros, a la estrella de David en el frente de las sinagogas, a las ofertas
callejeras de las prostitutas. Allá va, pisando las avenidas con seguridad y mirando los rascacielos

El 30 de diciembre de 1933, el "Zorzal Criollo" debuta frente a
los micrófonos de la NBC (*National Broadcasting Company*). A los músicos de la orquesta les dice: "Señores, ustedes solamente deberán
seguir el ritmo marcado en cada canción con las partituras. De melodía nada... la melodía la hago yo..."[9]. Es obvio que el Morocho
considera a la orquesta como una oposición. Acostumbrado a cantar
con guitarras, está ahora delante de una orquesta de treinta músicos.
Le resulta molesto cantar con tantos elementos ejecutando combina-
ciones sonoras, ya que a su melodiosa voz siempre le han bastado los
simples acompañamientos de "sus escobas". Gardel, muy exigente,
hace sugerencias musicales en pos de los arreglos que con paciencia
construye Terig Tucci. Hugo Mariani dirige y Tucci hace las orques-
taciones. Horas y horas de ensayo demandan la puesta a punto de las
audiciones que se emiten por la NBC.

La noche del debut, al término del programa, Mariani le pregunta si se había sentido cómodo con el acompañamiento. "Sí, pero casi
me confundo con ese loco de la flauta", le contesta Gardel. En otro ensayo "el loco de la flauta" y el ejecutante del oboe deben retirarse del
estudio, porque al decir del propio Carlitos "casi me hacen desafinar".[10]
Este pasaje del acompañamiento de guitarras a la orquestación le trae
dificultades, no le gustan las elaboraciones armónicas complejas.

Para estimular el interés de sus programas se le pide que cante
en inglés. Hace un intento, pero luego se niega. "Cómo voy a cantar
palabras que no entiendo, frases que no siento. Mi idioma, señores,

---

[8] Morena, Miguel Ángel, *Op. cit.*, p. 170.
[9] Morena, Miguel Ángel, *Op. cit.*, p. 172.
[10] Taboada, Carlos, "Gardel, artista y empresario", *Todo es Historia*, N° 431, Buenos Aires,
     2003, p. 24.

es el español... o, mejor aún, el porteño. La pregunta '¿me quieres?' no tiene para mí la emoción que vuelco en la misma pregunta porteña '¿me querés?'" [11]. De cualquier forma, estudia inglés con el profesor José Plaja.

Son tiempos de crecimiento y concreción de proyectos: canta por radio, graba, compone la música de tangos y canciones. En todas partes se va imponiendo la hondura nostálgica, cálida de su presencia y de sus interpretaciones. Lo convoca a Le Pera para que venga a Nueva York.

En Buenos Aires, en todos los cines de barrio están dando *El día de Carlos Gardel,* y exhiben *Luces de Buenos Aires, Melodía de Arrabal, La casa es seria.*

Le escribe a Defino en abril de 1934:

"Querido Armando: Recibí tu carta del 13 de este mes, en la que me comunicás que has cambiado mi giro de 500 dólares por $ 1960. Me parece muy bien que hayas elegido a Pascual si era el más conveniente. Andá ayudando a los muchachos como te dije en mi carta anterior y, en todo caso, en lugar de $150, dales $100, si te parece, pero dales siempre algo. Será de cualquier manera una aliviada para pagar alquileres. Al fin y al cabo, hace tantos años que están conmigo que bien puedo hacer este pequeño sacrificio. Dejo a tu criterio la mejor solución de las cosas. Debés darle a Riverol y a Barbieri y guardá discreción con esto. Tampoco ellos deben decir que vos les das dinero. Yo pienso que, cuando se vuelva necesario, serán Riverol y Barbieri solamente los que necesitaré para que me acompañen. Por ahora no hay nada que hacer con ellos, solamente si me saliera un comercial bueno los haría venir.

'Explotó': mandame a decir detalladamente cuándo empieza la alegría. Me avisarás cuándo lo anotan y el día y la hora en que corra la carrera, para palpitarla de aquí con la barra de secos que me rodea. Decile a Francisco Maschio que haremos aquí la misma fuerza que si estuviéramos allí. ¡Francisco viejo y peludo, y Leguisamo solo!" [12]

También se preocupa por Don Fortunato y doña Anaís. Defino tiene orden de pasarles una mensualidad y de pedirles que recurran a él si tienen algún apuro económico. Es una forma de devolver a esa buena gente los favores y los cuidados que tuvieron con doña Berta y

---

[11] Collier, Simón, *Op. cit.,* p. 253.
[12] Morena, Miguel Ángel, *Op. cit.,* p. 177.

con él cuando llegaron a Buenos Aires en aquel lejano 1893. Carlos ha heredado de su madre esa solidaridad que tiene hacia sus amigos.

El sello *Paramount* lo contrata para filmar dos películas: *Cuesta abajo* y *El tango en Broadway.*

Desde el hotel *Astoria* –en el centro geográfico del mismísimo *Times Square*–, donde se aloja, se encamina a los estudios en *Long Island* con la seriedad responsable del cumplimiento de su misión. Discreto y reservado en opiniones, ha doblado la hoja de sus anteriores experiencias. Atrás han quedado los años de bohemia y lucha entre vaivenes de *farra* y trabajo. Cada mañana le trae un descubrimiento que incorpora a sus esperanzadas reservas. Mientras la nieve cae lentamente sobre Nueva York en esas mañanas invernales, Carlos Gardel va construyendo su mundo desde la pantalla. Surge un Gardel diplomáticamente cauteloso en opiniones y proyectos. Siempre ha tenido una gran disciplina, pero a veces las *farras* y los *pingos* lo descontrolaban un poco. Ahora es el primero en llegar al estudio, reconoce sus pequeñas fallas, deja trabajar tranquilo a todos los auxiliares de la producción. Sólo en la intimidad, con sus amigos de siempre, vuelve a ser el Carlitos bromista, con su lenguaje personalísimo. En los descansos de filmación, en Long Island, muchas veces cruza a una cafetería que hay enfrente para charlar con los compañeros. Se cuida mucho en las comidas y hace natación. "Mi porvenir está en el cine, viejo", dice [13]. Es otro Carlitos, su gloria coincide con el cine, con una fama que le exige renunciamientos. Atrás quedó el Gardel de los patios a la hora del mate, de las noches de verano en que era escuchado con las radios a galena o con las primeras a lamparitas. De *Flor de Fango* pasa a *Mi Buenos Aires querido,* de *Mi noche triste* a *Sus Ojos se cerraron.*

Del Astoria se traslada al famoso Beaux Arts-apartament. Su vivienda está en el piso 18 de dicho edificio, tiene al frente un jardín a modo de terraza con plantas y flores. Desde allí domina gran parte de la ciudad, el río Este, la bahía, los puentes, y de noche la vista es maravillosa con los rascacielos iluminados, entre los que se destaca el Empire State. Finamente amueblado, un piano domina todo el living, donde Carlos ensaya sus canciones y crea otras nuevas en compañía de sus músicos. Recibe la visita de los periodistas y de sus amigos y de todo aquel argentino que quiera saludarlo. Él siempre está abierto

[13] Taboada, Carlos, *Op. cit.*, p. 23.

para todos, con su carácter sencillo y alegre. Nada le apura, toma todo según viene...

"Lo que me empuja hacia el triunfo es Buenos Aires, mi novia eterna, es el porteño amigo, el compañero de la ciudad inolvidable, que será después de mi madre, el único gran amor de mi vida", dice a los periodistas.

Gardel ha fundado una sociedad de producción que se llama *Éxito's Spanish Pictures*, de la cual él es presidente y Alfredo Le Pera, el vicepresidente. Dicha sociedad se encuentra financiada por la *Western Electric* y *Paramount* se vuelve su distribuidora. Le dan 25.000 dólares por dos películas y el 25% de las ganancias. El director es Gasnier. Piensan filmar una comedia y una pieza dramática. Participarán Gloria Guzmán y Vicente Padula, que se encuentran en España. Le Pera es el encargado de estudiar los mercados, vender las películas, contratar los artistas y analizar los libretos.[14]

LRS Radio Splendid emite una transmisión extraordinaria. Gardel canta desde Nueva York para el público platense, mientras sus "escobas" lo secundan desde Buenos Aires. La gente no puede creer semejante experiencia radial. Los guitarristas ubicados en los estudios de Radio Rivadavia –con auriculares puestos– inician el acompañamiento de un tema, éste se propala por onda corta a Nueva York y allí Gardel –también con auriculares–los escucha y, al llegar el momento, inicia el canto acoplándose a las guitarras. Esto es emitido por la NBC a Argentina y aquí retransmitido por Radio Splendid. Luego actúan las orquestas de Edgardo Donato desde Buenos Aires y la de Hugo Mariani desde Nueva York.[15]

Importantes estaciones de Canadá, Brasil y Uruguay difunden esta programación. El diario *Crítica*, en su edición del 18 de agosto de 1934, escribe una importante nota:

"... y el chingolo cantó desde su jaula de cemento... Buenos Aires se hizo chiquito para acurrucarse bien a las radios y, sin respirar casi, lo escuchó devotamente. Su triunfo rotundo y definitivo en los Estados Unidos viene a confirmar una criollada que le vaticinó un hincha suyo: Vos, Carlitos, les das diez rascacielos de ventaja a esos giles y les ganás por medio derecha. Firmado: Carlos de la Púa." [16]

---

[14] Taboada, Carlos, *Op. cit.*, pp. 25-27.
   Según Miguel Ángel Morena, la *Éxito's Spanish Pictures*, asociada con la *Paramount* y la Empresa *Western* (propiedad de la señora Wakefield), también recibe aportes de capital de Sadie Wakefield y su esposo.
[15] Defino, Armando, *Op. cit.*, p. 130.
[16] Morena, Miguel Ángel, *Op. cit.*, p. 185.

Mientras los proyectos cinematográficos se concretan, en agosto de 1934 toma el buque Ward y vuelve a Francia. Su madre está en Toulouse, y va a pasar un mes con ella. La casa del tío Jean, en la sombreada calle a lo largo del canal Briènne, que une el canal du Midi con el río Garona, es bastante cómoda, pero Berta echa de menos Buenos Aires. Extraña a Anais y a Fortunato y su casa de la calle Jean Jaurés. En Toulouse no tiene nada que hacer. Carlos llega la mañana del viernes 14 de septiembre y parte el día 20 en el tren nocturno a París. Por el momento doña Berta accede a quedarse en Toulouse hasta que Carlos regrese a buscarla el próximo año.[17]

En las cartas que Berta escribe a sus amigos de Buenos Aires aparece el profundo vínculo que tiene con su hijo; por ejemplo ésta, fechada 3 de octubre de 1934:

"Queridos amigos:

Vengo a darles noticias mías, que tardé un poco a propósito y es porque quería darles todos los detalles de la estadía de mi buen y querido hijo en Toulouse que, aunque fueron más días que otras veces, nos pareció poco, y más, como ustedes saben, eran más bien las tardes que él venía a casa. Pero como yo sé de sus costumbres, que él más bien cena y no almuerza, que ha sido una alegría recibir toda la correspondencia que le mandaba su querido amigo Defino, que se puso a leerla apenas llegó a casa de Juan, a la mañana del 14 de septiembre, porque fuimos a buscarlo con mi hermano. Ese día sí... almorzó con nosotros, ese día lo pasó entero.

El día 18 hemos ido a Albi a saludar a mi prima Marisou y a hacerle conocer a Carlos el hijo y demás familia, como le había prometido. Ustedes han de recordarlo, pero como es cerca de Toulouse, en una tarde fuimos y volvimos. Se volvieron locos de contentos, pero sufrieron un desengaño porque todos querían que pasara unos días allí. Para Carlos iba ser demasiado, no quiso. Les prometió que cuando volviera en mayo, que tendría más tiempo que ahora. Yo creo que ustedes habrán recibido carta de Carlos antes que yo porque él manda por avión. Yo no lo hago porque aquí no tengo comodidad: tengo que molestar para hacerlo. Como de todas maneras las noticias no son de apuro, pero a mí me gusta que ustedes me contesten enseguida por avión.

No sé si Carlitos les dirá en su carta que hemos decidido que yo me quedo en Francia hasta que él vaya a Buenos Aires. Entonces me iré con él todas las veces

---

[17] Collier, Simon, *Op. cit.*, p. 264.

Se publicó una fotografía de la casa de Jean Gardes en el diario *La Depéche* de Toulouse, el 30 de junio de 1935, pero actualmente la casa no existe más. Se ignora la fecha de su demolición, probablemente haya sido después de la Segunda Guerra Mundial.

que él vaya, mientras yo pueda viajar; así no sufriré tanto de estar separada de él y, como lo hemos pensado, viviremos en Nice con mi hermano porque el clima es el mejor de toda Francia, y creo que ustedes también querrán vivir con nosotros.

En este momento se acaba de ir Carlitos a la estación a tomar el tren para París. Cenó con nosotros primero y lo despedí sin lágrimas para no hacerlo sufrir (...)

Ahora Carlos va a trabajar duro hasta mayo y pasará el verano en Francia e iremos con mi hermano y mi cuñada a verlo a París y él no tendrá que venir a Toulouse. Lo cansan mucho todos estos viajes y así pasará el tiempo hasta que vaya a Buenos Aires y creo que iré yo también y volveré con él otra vez. Todo esto si nada se interpone (...)

Sin más que decirles cariñosos besos de Juan, mi cuñada, Marisou y de mi parte a su mamita y Adela y fuertes abrazos para mi Armando, mi segundo hijo. [18] *Berthe"*

En octubre Gardel se encuentra otra vez en Nueva York. Desembarca con el enorme buque alemán *Bremen*. Antes de llegar hasta su nuevo departamento, Le Pera y Tucci, que fueron a recibirlo, lo hacen dar una vuelta por el Central Park para que observe el maravilloso colorido del follaje otoñal. Una vez en Middletown, habla con el nuevo director John Reihnart, que sustituye a Gasnier [19]. Mientras reina la pobreza y la cesantía en el país del norte, luego de la terrible depresión económica, la empresa del cine ha optado por el escapismo y la evasión. El tono alegre y ligero de las comedias musicales narcotiza el sufrimiento y la humillación de millares de seres humanos con hambre y sin trabajo. En una carta a Defino, fechada el 10 de abril de 1934, le cuenta:

"Proyectamos contratar algunos actores y actrices, tres en conjunto, lo más cuatro. Hemos pensado en Tito Lusiardo, Tita Merello y algunos otros que vos o Arturo Mon crean convenientes. Le Pera, que está conmigo desde hace un par de semanas, también es muy amigo de Mon y tiene confianza en que con él puedas descubrirnos los tres o cuatro artistas que necesitamos... Desde luego nos gustaría Lusiardo, pero en lugar de la Merello si vieras una artista más bonita y de su mismo temperamento teatral, es decir, una artista capaz de interpretar con gran realismo un gran papel de maleva, la preferiríamos. No se trata de una arrabalera, sino de una especie de Marlene Dietrich criolla, una mujer que sólo se quiere a sí misma y que me va arrastrando bien abajo... Pero ya puedes ir tocando a

---

[18] Defino, Armando, *Op. cit.*, p. 130.
[19] Collier, Simón, *Op. cit.*, p. 265.

Lusiardo y a la Merello... Como el viaje es largo y no se les puede pagar un pla-
tal, tenés que pintarles la cosa como una oportunidad maravillosa para llegar
aquí y vincularse al cine yanqui. Tenés que decirles que con mi palanca, pueden,
y podemos, hacer más tarde mejores cosas y ganarse grandes sueldos. Mon te
explicará la camarilla de gaitas y cómo ellos no dejan entrar ni a Dios. Son ver-
daderamente un triunfo las condiciones que he conseguido y estoy contento de no
ir a Hollywood y de hacer films en Nueva York, porque allá, en la Fox, los gaitas
me hubieran envenenado la existencia...[20]

Finalmente, la película se filma con Mona Maris, una actriz argentina, radicada en Nueva York. No puede negarse que Carlos y
Mona se gustan mutuamente, pero no se sabe qué forma adquiere este
afecto. Aparentemente es una relación meramente platónica, aunque
con una particular intimidad. Mona experimenta una fuerte atracción
hacia Carlos. Salen juntos con frecuencia. Un cronista les pregunta si
hay algún tipo de relación sentimental. Ellos dicen que es debido a que
discuten las escenas de *Cuesta Abajo*, pero Vicente Padula, que actúa con
ellos en el film, y que escucha la respuesta, guiña un ojo significativa-
mente. Mona Maris dice, después de la muerte de Carlos:

"Yo creo que si Gardel hubiera vivido, posiblemente hubiese habido entre
nosotros una cosa muy linda, pero eso se truncó... Había una atracción, eso no
podía eludirse, era real. Y en ese entonces yo también atraía muchísimo... pero
de todos modos... eso es el pasado.[21]

Las dificultades para hacer las filmaciones son muchas. Carlos y
Alfredo se *embroncan* con los directores, que no entienden, que falsean
situaciones, y después viene la masacre del montaje. Gardel no está
conforme con la calidad de sus películas y pelea por mejorarlas.
"Estos *yonis* no pescan nada, y en cuanto te descuidás se mandan una
matufia." "Habrá *morlacos*, pero falta comprensión." "Tenemos que am-
bientar la pampa, los campos y aquí sólo hay nieve", dice mientras
patea fastidiado una bola de hielo. "Me escriben argumentos idiotas,
y cuando aparece alguno pasable, lo modifican tanto que al final
queda hecho un mamarracho. ¡Ya no sé qué hacer!". Lejos ha quedado el Gardel despreocupado y endeudado que dejaba sus cosas en
manos de Razzano. El consejero legal de Carlitos es un abogado esta-
dounidense llamado Eugene Sperry; otro hombre de confianza que

[20] Defino, Armando, *Op. cit.*, p. 108.
[21] Revista *Gente y la actualidad, Op. cit.*, pp. 39, 148.

trabaja con el Zorzal es el técnico en sonido José Corpas Moreno, que además oficia de secretario y cadete.[22]

En 1934, Homero Manzi, en su revista *Micrófono, un magazine internacional* –con el tiempo, la revista cambia su nombre por el de *Radiolandia*–, escribe un artículo que titula *El error de Gardel*. Dice así:

"*Gardel es un gran artista, sin ningún control de sus condiciones, ni de su decisión. Vive y triunfa con la complicidad de Dios. De ese Dios que le dio simpatía, magnífica voz, juventud eterna y suerte. Ha triunfado a pesar de él. Su primera película* Luces de Buenos Aires *es una cosa absurda, donde hace de gaucho melancólico, sobre el fondo de una pareja pampa francesa y en cuyo final enlazan a una artista desde un palco balcón. Sin embargo, bastó con que cantara* Tomo y obligo *para que la película recorriera triunfante el mundo de habla española. Lo mismo sucedió con* Melodía de Arrabal, *donde dos tangos salvaron los miles y miles de metros rodados en cafetines marselleses y callejones de dudosa filiación geográfica (...)*

Un error de Gardel es ir a Francia o a Nueva York a filmar películas, cuando ni económicamente se beneficia con ello. En esas películas tiene que actuar en ambientes arbitrarios y con la colaboración de artistas insignificantes que reducen el marco de su acción. Con este espejismo Gardel está retrasando el progreso de la cinematografía nacional, ya que los filmadores extranjeros al contratarlo nos escamotean el astro de mayor arrastre de la lengua castellana (...)

¿Se lo imaginan ustedes a Gardel actuando entre figuras como Libertad Lamarque, Luis Sandrini, Alici Vignoli, Charlo y coros auténticamente argentinos? ¿Lo ven ustedes moviéndose en el escenario natural del arrabal porteño, lleno de sugestiva propiedad? ¿Lo imaginan cantando tangos realmente buenos, compuestos por nuestros mejores autores y con el fondo de un acompañamiento verdaderamente típico? Esa película que yo quiero que imaginen ustedes sería el inmediato afianzamiento de la industria argentina y le reportaría a Gardel más de los diez mil dólares que se pagaron por Cuesta Abajo *(...)*

Él se va afianzando cada vez más en sus errores y ya ha llegado a un cuento en que todo le parece permitido. Esto mismo tienden a demostrárselo sus colegas, los cantores. La mayoría de ellos viven desesperadamente por imitarle el gusto, la voz, los gestos y hasta el mismo repertorio. La mayoría de los cantores abdican de su personalidad, aplastados, vencidos, por el prestigio del insuperable zorzal. Cantan lo que él canta. Gustan lo que él gusta. Sienten lo que él siente. Modulan como él modula. En fin, se han convertido en una colonia que

22 Taboada, Carlos, *Op. cit.*, p. 27.

Gardel maneja desde lejos con la eficacia de su arte. Si Carlitos fuera tan vanidoso como D'Annunzio, por ejemplo, podría hablar de sus esclavos porteños sin decir una mentira (...)

Pero a pesar de todo Gardel triunfa y su triunfal simpatía 'malevona' se agranda con justicia. Y en materia de canto está mejor que nunca. A pesar de los años. A pesar de las copas y los naipes. A pesar de todo lo que dijimos anteriormente. Es que Gardel tiene eso que los españoles llaman 'ángel'. Eso que está más allá del bien y del mal. Eso que sólo puede desconocer quien escriba con la fría función analítica de: Homero Manzi."[23]

Lo que Manzi no sabe es que Gardel piensa como él, no con respecto a Le Pera, sino en relación a las filmaciones fuera de su país. Lo que Carlos anhela es filmar en su patria y a ese objetivo se encamina.

A principios de febrero de 1935, Gardel le escribe a Defino:

"He estado tanto tiempo sin escribirte porque realmente mi trabajo en los estudios ha sido enorme. La película que acabamos de terminar se llama El día que me quieras *y es muy superior a todo lo que he hecho hasta ahora. Rosita Moreno y Tito Lusiardo son mis compañeros... Luego filmaré* Tango Bar."[24]

En esta película aparece en un determinado momento vestido con el traje característico de los muchachos porteños de hace muchos años: pantalón a cuadritos y en bombilla, saquito con trencilla, el botín enterizo con un taquito en punta, *lengue* al pescuezo, y *funghi* a lo Massera. Y allí, hace el regalo de un tango *canyengue* bailado por él. Gardel es un gran bailarín de tango y esa faceta no la conoce el público, pero en el ambiente de sus colegas y amigos se lo conoce capaz de traducir al tango, también al enredo de los pasos y la elegancia de los movimientos.

Con el tiempo y el ejercicio del canto toda voz se endurece, se oscurece, pero en el caso de Gardel, incluso cuando esto significa que ha perdido los tonos agudos de la juventud, su voz toma un carácter más profundo. Es el tiempo de la admirable gravedad con que canta sus propias canciones y tangos armonizados por Alberto Castellanos y Terig Tucci; el tiempo de la amargura resignada o desesperada, de la tristeza conmovedora de *Volver*, de *Sus ojos se cerraron*, de *Arrabal Amargo,* de *Cuesta Abajo,* y hasta del fox-trot *Rubias de New*

[23] Salas, Horacio, *Manzi y su tiempo*, Buenos Aires, Ediciones B., 2001, pp. 127-129.
[24] Defino, Armando, *Op. cit.*, p. 115.

York, que cobran en su versión el encanto seductor típico que caracteriza al Zorzal.

Yo adivino el parpadeo
de las luces que a lo lejos
van marcando mi retorno.
Son las mismas que alumbraron
con sus pálidos reflejos
hondas horas de dolor

Volver...
con la frente marchita
las nieves del tiempo
platearon mi sien
Sentir...
que es un soplo la vida
que veinte años no es nada
que febril la mirada
errante en la sombra
te busca y te nombra
Vivir...
con el alma aferrada
a un dulce recuerdo
que hoy lloro otra vez.[25]

Su poder interpretativo es admirable. Algo hay en ese estilo, en esa manera única de decir el dolor del alma y el desamparo, como si cantara en la más absoluta soledad, como si no fuera para nadie, nada más que para sí mismo. Con esto y una leyenda imbatible, se convierte en un personaje mítico en el que tantos tangueros van a buscar inspiración y consejo. La versión de *Sus ojos se cerraron,* en la película *El día que me quieras,* es sobrecogedora. Trasmite el dolor sordo, profundo, de la pérdida del ser amado. Es la imagen de la desolación. Ningún cantor ha podido transmitir semejante emoción. Es

[25] Benedetti, Héctor Ángel, *Op. cit.,* p. 412. *Volver* (tango) (Letra de Alfredo Le Pera. Música de Carlos Gardel).
Gardel interpreta *Volver* sobre el cierre de la película *El día que me quieras.* Se rodó en Long Island en enero de 1935. Su estreno en Buenos Aires fue en el cine Broadway, el 16 de julio de ese año, unos días después de la muerte del cantante.

como si tuviera una lágrima en la garganta. Canta el tango de un modo dramático, haciendo de cada tango un monólogo, como si el drama le hubiese ocurrido a él, como si él mismo lo protagonizara, a la manera de un cantante de ópera. Terig Tucci cuenta lo que ocurrió ese día en el estudio cuando Gardel graba *Sus ojos se cerraron*. Dice: "El silencio es completo... casi religioso... y de pronto estalla una ovación indescriptible. Durante diez o quince minutos el trabajo queda paralizado... aun las personas que no entendían nuestro idioma hacen conmovidos comentarios. Gardel abraza emocionado a su director musical y le manifiesta su placer: '¡Macanudo, che... macanudo!'" [26]

Su principal actividad ahora es la cinematográfica. Contratado por la *Paramount*, filma cuatro películas como protagonista y una más en la que interviene en algunos *sketches: Cazadores de estrellas,* filmada en 1935, junto a figuras de renombre universal como Bing Crosby, Richard Tauber, la orquesta de Ray Noble, los Niños Cantores de Viena y otras estrellas internacionales.[27]

Las películas protagonizadas por él son: *Cuesta Abajo* (1934, dirigida por Louis Gasnier, argumento de Le Pera y la actuación de Mona Maris y Vicente Padula); *El tango en Broadway* (1935, dirigida por Louis Gasnier, argumento de Le Pera y la actuación de Blanca Visher y Vicente Padula); *El día que me quieras* (1935, dirigida por John Reinhardt, argumento de Alfredo Le Pera y la actuación de Rosita Moreno y Tito Lusiardo); *Tango Bar* (1935, dirigida por John Reinhardt, libro de Alfredo Le Pera y la actuación de Rosita Moreno, Enrique de Rosas y Tito Lusiardo).

El anuncio del estreno de *Cuesta Abajo* en el teatro *Campoamor* de la barriada hispana de Nueva York provoca una gran expectativa. La función se ha fijado para las 9 de la noche y ya dos horas antes es imposible acercarse al teatro. Hay que llamar al cuartel de bomberos para reforzar a la policía. La entrada de Gardel y su comitiva es apoteótica. Los saludos, los gritos de "viva Gardel" son ensordecedores. Su aparición en el palco hace que el público lo aplauda de pie durante más de quince minutos. Durante la exhibición lo ovacionan cuando aparece, y Gardel dice unas pocas palabras agradeciendo el cálido recibimiento. Debe salir por una puerta trasera para evitar a la mul-

---

[26] Collier, Simón, *Op. cit.*, p. 273.
Consignado por Terig Tucci en su libro *Gardel en Nueva York.*
[27] Taboada, Carlos, *Op. cit.*, p. 25.

titud. ¡Una velada agotadora!, pero para sorpresa de todos Gardel le dice al chofer: "Al Santa Lucía" –su restaurante preferido–.
   –¡Qué fenómeno, viejo, qué fenómeno!– comenta emocionado. [28]
   Su vida en Nueva York es fastuosa. Primero, se hospeda en el Hotel Waldorf Astoria, uno de los más calificados del mundo. Luego, alquila un *pent house* en el Edificio Beaux Arts. Y finalmente vive en una suite del Middletone de la calle 48, entre Lexington y 3ra. Avenida. Recibe suculentos pagos, retribuciones por las filmaciones y regalías por la exhibición de sus películas.
   Gardel se las ingenia para armar una especie de "barra" neoyorquina: Castellanos, Le Pera, Tucci, el violinista Remo Bolognini y otros. Acostumbra a ir con su "barra" a comer al restaurante italiano *Santa Lucía*, ubicado a pocas cuadras de los estudios radiales. *Spaghetti ali olio* es el plato que siempre pide. [29]
   Un peluquero argentino que admira mucho a Gardel talla una estatuilla de madera y envía a su hijo de doce años para que se la entregue en el Beaux Arts. El muchacho encuentra en la entrada a un hombre alto y calvo que, aferrado a una botella de leche, no puede entrar a la vivienda, ya que ha olvidado la llave. Le pide al chico que trepe por la escalera de emergencia y que trate de entrar por la ventana. Se trata de Castellanos. El pibe es Ástor Piazzolla. Al entrar en una habitación se encuentra con Alfredo Le Pera. Gardel está durmiendo, pero se despierta y se emociona cuando se entera de que el pibe es argentino. Desenvuelve la estatua y la agradece calurosamente. Lo invita a desayunar al pibe Ástor. Se sorprende cuando el chico le cuenta que toca el bandoneón, y le pide que vuelva otro día a tocar para él. Ástor lo deleita con sus temas clásicos y también prue-

---

[28] Collier, Simón, *Op. cit.*, p. 262-263.
   Este evento fue comentado en *La Prensa de Nueva York,* los días 10 y 13 de agosto de 1934. Tucci lo consigna en su libro *Gardel en Nueva York.*
   El Cónsul General de Argentina en Nueva York, Sr. Conrado Traverso, envía una carta al Sr. Schellhonr de la *Paramount International,* fechada el 20 de julio de 1934, diciendo: "He visto con sumo agrado la película producida en los talleres de la *Paramount* en Nueva York, titulada *Cuesta Abajo*. Significa para mí una presentación artística digna de todo aplauso, ya sea en cuanto a su técnica como en cuanto a la actuación de los distinguidos artistas argentinos que han tomado parte en ella. Al mismo tiempo, interpreto que es éste un primer paso para iniciar una era de éxito para la producción de películas con caracteres genuinamente argentinos. Salud a Ud. Atte. Fdo. Conrado Traverso. Cónsul General."
[29] Morena, Miguel Ángel, *Op. cit*, p. 173.

ba suerte con el tango. Cuando Gardel lo escucha se echa a reír y le
dice: "Mirá, pibe, el *fueye* lo tocás fenómeno, pero el tango lo tocás
como un gallego". Ástor se convierte en el guía bilingüe de Carlitos
y lo acompaña a comprar ropa y zapatos.[30]

Carlos concurre en Mahattan a los cabarets latinos, como *El
Chico,* en Sheridan Square, y *Don Julio,* club nocturno de un mexica-
no. También visita las salas de concierto *Carnegie Hall* cuando su
amigo Remo Bolognini toca el violín bajo la batuta de Toscanini.
También concurre a la ópera. Ve *Carmen, La Bohème* y *Otello,* entre
otras. Reanuda su amistad con Tito Schipa, que admira las versiones
de Gardel.

Hace tiempo que Carlos quiere terminar su larga relación amorosa con Isabel del Valle, pero le resulta difícil deshacerse de esa
mujer, por una cuestión de lealtad y también por evitar discusiones y
disgustos. Cada intento de liberación encuentra la resistencia no sólo
de ella sino de los amigos, y ese vínculo que en un momento creyó
de amor se le transforma en una exigencia. Carlos prefiere su libertad,
su deambular sin rumbo fijo, porque no sólo se trata de ella sino de
estar ligado a toda una familia. En 1931, cuando Isabel se encuentra
en Milán estudiando canto, le escribe a Carlos reprochándole los pedidos de que "haga economía". En estas cartas hay espacios para los
lamentos; no se siente tomada en cuenta. Él no la visita, a pesar de
que se encuentra filmando en Francia. Se muestra celosa de una foto
que Carlos se ha sacado con Gloria Guzmán, y le pide que le regale
una cruz: "si tenés plata para un auto, bien podés tener para hacerle
un regalo a tu gorda, después de tanto tiempo". Le pide que la llame
por teléfono: "quiero sentir tu voz, sé buenito, porque vos escribís
muy poco".[31]

La distancia afectiva que Carlos pone en sus vínculos amorosos,
efecto de su timidez y del temor a perder su independencia, le acarrea
fama de poca virilidad. Sin embargo, sus amigos dicen que ha mantenido relaciones amorosas con diferentes actrices, algunas compañeras
de reparto como Mona Maris, Gloria Guzmán, Elena Fernández, An-
drea Morán, Azucena Maizani, Rosita Moreno; en Colombia se lo ha
visto acompañando a Victoria Reyes; y en París junto a Gaby Mor-

---

[30] Collier, Simón, *Op. cit.,* p. 260.
     Piazzola confirmó algunos de estos puntos en una conversación con el BBC Latina-
     merican Service de Londres en junio de 1985.
[31] Aballe, Guadalupe Rosa, *Op. cit.,* p. 71.

lay. Con su *pinta* y con su fama puede tener a todas las mujeres, pero es muy medido, piensa que una vida sexual muy desenfrenada puede afectarle la salud, la voz, su estado físico y para él lo más importante es su carrera artística y su libertad y por eso subordina su afectividad. Su personalidad atrayente lo lleva a seducir tanto a hombres como a mujeres. "No me enamoré nunca", le confía a Vicente Padula.

–¿Es usted partidario del divorcio?– le pregunta una periodista del *Diario Nacional* de Bogotá.

–Debido a mi carrera artística, no soy partidario del matrimonio– responde Gardel.[32]

El fuerte vínculo que tiene con su madre también lo condiciona. Siempre, mientras está en Buenos Aires, vuelve a dormir a su casa, fuera la hora que fuese.[33]

Le escribe a Defino:

"En lo tocante a Isabel, estoy esperando meditar una carta final explicándole mi separación material, quedando como amigos, siendo ella libre de sus actos, porque esto, como vos comprenderás, no puede seguir, sobre todo con la idea de libertad que tengo... Estoy dispuesto a no hacer más tonterías, la de Isabel y compañía es la última."

Y en una posdata muy sugestiva, de puño y letra de Gardel, le dice:

"Dale un mordiscón en el orto con una tenaza caliente al turro Razzano."[34]

El plan de Carlos es seguir trabajando para poder, en primer término, darle una situación segura a su "viejita" y poder disfrutar con sus grandes amigos el trabajo de treinta años.

Estos sentimientos y proyectos se los trasmite a su madre en una carta.

"Mi querida mamita:

Después de recibir como siempre tu cariñosa cartita y de haber leído la que le mandaste a nuestro buen amigo Ernesto, me ha dado mucha alegría, pues se me hace que te tengo cerca de mí. Aquí estoy trabajando fuerte. Ya tengo terminada la música de la tercera y la cuarta película que tengo que hacer. Han salido superiores a las anteriores. Son formidables y tendrán seguro gran popularidad. Ahora, te diré que el 10 de este mes de diciembre empiezo a trabajar en la superproducción de Paramount, como ya sabés en inglés y español, donde trabajan

32 Morena, Miguel Ángel, *Op. cit.*, p.202.
33 Defino, Armando, *Op. cit.*, p. 90.
34 Fernández, Augusto, *Op. cit.*, p. 90.

las más grandes estrellas del cinema... Esto me dará un nombre universal... Después de esto empiezo en enero diez películas en español, en las que trabajarán por primera vez artistas muy buenos.

Avisame si precisás algo antes, no sea cosa que necesités y no me lo digas. Dale muchos besos y abrazos a mi querido tío Juan, a mi querida tía Carlota, a Marisou, a toda la familia, que es muy larga y no puedo detallarla, pero ya sabés que me son muy simpáticos y que no los olvido. Y vos, recibí de tu hijo que te quiere y no te olvida nunca muchos besitos. Carlos." [35]

Desde que se muda al Middletown, le dice a Tucci: "Hay que ahorrar, ahorrar, ahorrar". Gardel convoca a sus guitarristas Riverol y Barbieri. Se resiste a llamar a Aguilar, con el que tuvo el entredicho, pero no le queda más remedio que citarlo, ya que no encuentra reemplazo. El día 31 de enero de 1934, sus "escobas" arriban al puerto de Nueva York. Tienen dificultades con las autoridades aduaneras por el tema de la visa de trabajo, pero Gardel aclara que están sólo de paso para realizar una gira por Latinoamérica. [36]

Isabel lo tiene harto. Recibe cartas y más cartas de ella con protestas de amor y pedidos de dinero. Le escribe a Defino, diciéndole que bajo ningún concepto debe darle dinero y que no acepte comentarios, ni ruegos.

Isabel y su entorno terminan admitiendo que la relación con Carlos ha terminado. "A lo mejor, si él no fuera tan famoso, podríamos estar juntos, pero no es fácil estar junto a un hombre perseguido por todos, mimado por todos, reclamado por todos...", dice Isabel a sus amigos. [37]

Esta gira por Latinoamérica no lo entusiasma demasiado, quiere terminarla pronto. Al finalizar su película *Tango Bar*, Gardel pacta un receso de cuatro meses con la *Paramount* para poder realizar la gira, distribuir las películas y regresar cuanto antes a Nueva York para seguir con sus proyectos empresariales.

El buque *Coamo* suelta amarras del puerto neoyorquino y Gardel con su comitiva emprende finalmente el viaje para concretar la anunciada *tournée* artística por los países de habla hispana. El arribo a la ciudad de San Juan de Puerto Rico constituye todo un acontecimiento... En el muelle, una verdadera multitud aguarda la llegada del

[35] Morena, Miguel Ángel, *Op. cit.*, p. 190.
[36] Collier, Simón, *Op. cit.*, p. 275.
[37] Revista *Gente y la actualidad, Op. cit.*, p. 39.

célebre cantor, pese a que esta se produce a las seis y media de la mañana. Una comisión de homenaje sube a bordo para expresarle a Gardel el cordial saludo de bienvenida y cuando éste desciende por las es-
calas del *Coamo,* la muchedumbre estalla con vítores y aplausos que el
cantor agradece emocionado, sonriendo y agitando su sombrero. En el
hotel *Condado,* donde se hospeda, han izado la bandera argentina en su
homenaje. Se lo recibe como a un personaje de leyenda.[38]

El debut es en el teatro *Paramount,* canta como nunca, acompañado por sus guitarristas Barbieri, Aguilar y Riverol. Permanece en
Puerto Rico por veintidós días. A pedido de los empresarios ha debido prolongar su estadía y actuar en pueblos del interior de la isla
como: Santurce, Arecibo, Mayaguez, Ponce...

La motonave *Lara* lo lleva a las costas venezolanas, y desde La
Guayra se dirige en tren hacia Caracas. El gentío apostado en la estación de ferrocarril está dispuesto a cualquier cosa con tal de ver al
ídolo. Interviene la policía y en medio del tumulto el pobre Alfredo
Le Pera recibe un golpe de un agente del orden por equivocación.
"¡Te ligaste una *biaba,* flaco!", lo carga Gardel. Funciones teatrales durante ocho días y una audición en Radio Caracas. El presidente Juan
Vicente Gómez lo invita a su residencia en Maracay, para que cante
frente a un grupo de sus amistades. Emocionado, el presidente le obse-
quia una generosa cantidad de bolívares.[39]

Luego, Curazao, frente a las costas de Venezuela. Los habitantes, que hablan una mezcla de holandés, inglés y español, lo reciben
con gran algarabía, llamándole "patrón". Gardel le da a unos exila-
dos venezolanos que combaten contra el tirano Gómez, la suma que
éste le obsequió, para que siguiesen con su lucha por la liberación de
su país. Después, sube por primera vez en su vida a un avión, y se
traslada a la isla de Aruba.

Y, finalmente, pisa tierra colombiana al arribar a Barranquilla, a
orillas del río Magdalena, en el barco *Presidente Gómez,* para después
pasar a Cartagena. Y empieza la odisea del avión.

–¿A la fuerza hay que ir volando a todos estos lugares?– le pregunta a Celedonio Palacios, el oficioso primer secretario.

–A la fuerza, Gardel. Los otros medios de comunicación son
muy complicados en medio de todas estas montañas.

---

[38] Morena, Miguel Ángel, *Op. cit.,* p. 195.
[39] Morena, Miguel Ángel, *Op. cit.,* p. 196.

–Yo le tengo desconfianza a estos bichos. Barquito y trencito me gustan más. Pero ¡en fin! ¡Adelante los que quedan![40]

El éxito en Bogotá es inaudito, los organizadores no llegan a entender. Las multitudes se arrojan sobre el cantor, lo estrechan, lo abrazan, lo sacan del avión sobre los hombros. A todo lo largo de la carretera las gentes lo siguen asediando. No pueden acercarse al Hotel Granada, donde deben hospedarse, y optan por dirigirse a la casa de Henry Swart, empresario teatral de Venezuela.

–Gardel, estará cansado de tanto atropello…– le comenta Swart.

–No, yo me siento feliz y satisfecho con el agasajo del pueblo, porque éste es mi pueblo, el que sufre y ríe conmigo, el que me aplaude. Es la gente la que ha formado el pedestal de mi prestigio y a ellos me debo– responde Gardel.[41]

Se asoma al balcón y saluda al público.

–¡Cante un cántico, patroncito! –le gritan– ¡Cante! ¡Cante!

–¡Viva el Rey del Tango!

Gardel les dedica la más ancha de sus sonrisas.

–¿Cuál fue su primer amor?– le pregunta un periodista del *Diario Nacional* de Bogotá.

–He amado muchas veces en mi vida, y conservo de ello gratísimos recuerdos, como que en todos mis amores he sido feliz. En ellos he querido de diferentes maneras, según el temperamento de la chica, las circunstancias y el ambiente. Sin embargo, cada vez que me enamoro, creo que es ésta la única ocasión en la que verdaderamente he querido.

–¿Qué aventura dejó más honda huella en su vida?

–Debido a mis múltiples viajes y a los azares de mi carrera, mis aventuras han sido numerosísimas y en ellas he experimentado tantas sensaciones intensas que me es imposible definir cuál de ellas ha llegado a impresionarme más.

–¿Le gusta el romanticismo?

–El romanticismo es necesario para idealizar la vida, para embellecerla, pero mi romanticismo está siempre ceñido a la realidad y a la oportunidad, es decir, soy idealista cuando debo serlo, pero sin extralimitarme.

---

[40] García Jiménez, Francisco, *Op. cit.*, p. 292.
[41] García Jiménez, Francisco, *Op. cit.*, p. 297.

–¿Cuál es su tango favorito?

–He cantado tantos tangos, y he puesto mi alma en ellos, que todos me han gustado igualmente.[42]

Esa noche de su llegada debuta en el teatro *Real*, cuya taquilla está totalmente agotada. Hombres, mujeres y niños invaden el vestíbulo del teatro y las calles, paralizando el tránsito. No hay entradas ni en el *Real*, ni en el *Olimpia*, donde finalizan sus diez días de contrato. El último tango que canta en Bogotá y en vida es *Tomo y Obligo*.

De Nueva York recibe un cable de la *Paramount*, donde le piden que regrese a filmar las dos películas que restan del contrato. Gardel balancea lo que le queda: dos actuaciones en Calí, cuatro en Panamá y el fin de la gira en La Habana. Si *Paramount* insiste, dos películas le pueden llevar cuatro meses y luego... Toulouse y el viaje con su madre a Buenos Aires, los amigos, el descanso...

Le escribe a Leguisamo:

"Che, negro, estoy juntando vento *para volver a Buenos Aires en forma definitiva y no viajar más. Estoy deseoso de compartir con vos y los demás amigos aquellas lindas horas, los sabrosos asados y las guitarreadas de que tantas veces gozáramos en lo de Francisco..."*[43]

La última carta a Defino:

"Bogotá, 20 de junio de 1935.

Querido Armando:

Tuve el gusto de encontrar en el Consulado cuatro cartas tuyas y te imaginarás con qué ansiedad me mandé tus relatos. Desde luego me afectó extraordinariamente la noticia de la muerte del pobre Alfredo Deferrari, a quien yo le hubiera dado cien años de mi vida por su excelente condición. Ya mandé el pésame a la familia y te ruego que vos también le expreses a esa pobre gente todo mi pesar. Cuando el pobre había encontrado la felicidad en su hogar recién construido ocurre esta injusta desgracia... que Dios lo ampare...

A mí la película (se refiere a El día que me quieras) me volvió a causar una impresión inmejorable y sigo creyendo que es mi mejor trabajo cinematográfico y que hemos matado el punto con las canciones. Me alegra la noticia de que se estrene en julio y espero llegar con los laureles fresquitos a Buenos Aires. Acerca de Tango Bar, a pesar de la carnicería, resultó un formidable éxito en una privada de películas españolas, el público aplaudió y yo recibí infinitas felicitaciones. La gira va rumbo a su fin, y ya es hora.

---

[42] Morena, Miguel Ángel, *Op. cit.*, pp. 200-203.
[43] Leguisamo, Ireneo, *Op. cit.*, p. 191.

La semana que viene salgo para Panamá y en los primeros días de julio estaré en La Habana, adonde te pido que me escribas. El recibimiento en Bogotá fue increíble. Al llegar el avión la gente se precipitó sobre él, y el piloto tuvo que dar media vuelta y rumbear para otro campo de aterrizaje para que no se produjera una tragedia. La tragedia se produjo lo mismo. A un turro que tengo empleado le robaron la cartera con unos mangos de mi pertenencia. Menos mal que eran pocos y colombianos.

Como se acerca el momento en que se estrenará El día que me quieras, estate atento sobre la música. Yo creo que esas canciones pegarán el gran golpe y que Cuesta Abajo pasará al olvido. Lo mismo te digo acerca de los discos. Teneme al tanto de estas cosas.

Ahora la vamos viajando en avión y ya te imaginarás el fierrito de los guitarristas... Elogian la comodidad y la rapidez del avión, pero no ven la hora de largar. Hay que ver las risas de conejo de todo el personal cuando se meten en los trimotores... Saludame a los tuyos, a los buenos amigos. Antes de salir de Panamá te escribiré otra vez. Espero noticias tuyas en Cuba. Un gran abrazo, querido viejo... Carlos." [44]

El lunes 24 de junio al mediodía se reúne con los compañeros en las habitaciones del Hotel Granada y luego, para evitar la multitud que se agolpa en la entrada principal, salen escondidos por la trasera, donde un coche los espera para llevarlos al expreso que está esperando en el aeropuerto de *Techo* para conducirlos a Cali.

[44] Defino, Armando, *Op. cit.*, p. 119-121.

12
Es un soplo la vida...

Volver... con la frente marchita
las nieves del tiempo
platearon mi sien.
Sentir... que es un soplo la vida
que veinte años no es nada
que febril la mirada, errante en la sombra
te busca y te nombra...

Gardel-Le Pera, Volver, 1935

El avión está por aterrizar en Medellín. Gardel abre los ojos... vuelve a la realidad desde la bruma de los recuerdos. Las siluetas de las casas y edificios forman un extenso tablero rodeado de campos y montañas rojizas. Siente una extraña mezcla de alegría, ansiedad y profunda emoción al ver la multitud que lo recibe. El campo está invadido por miles de personas que se abalanzan hacia el avión y casi provocan una tragedia. El piloto la evita. Igual que en Bogotá. Pero la tragedia ya está escrita y se cumple, inexorable.

El trimotor Ford F-31 aterriza en Medellín a las 14,45. Gardel y sus acompañantes se dirigen a un pequeño bar de la SACO (Compañía de Aviación Colombiana) a tomar algo fresco[1]. Carlos debe presentarse en el Teatro Isaac. Cantará, y luego se proyectará la película *La casa es seria*, con Imperio Argentina.

Nuevamente a bordo, Gardel, que lleva las cajas de la película *Payasadas de la vida*, las coloca debajo del asiento del piloto. El avión, piloteado por el colombiano Ernesto Samper Mendoza, emprende la marcha en dirección a Calí, donde Gardel piensa tomar un tren que lo llevará a Buenaventura.[2]

---

[1] Morena, Miguel Ángel, *Op. cit.*, p. 206.
[2] Morena, Miguel Ángel, *Op. cit.*, p. 206.

El aparato hace el carreteo hasta el extremo de la pista y arranca. Cuando ha recorrido unos 250 metros, se sale del "track" central y toma la dirección de las casetas de la SCADTA (Sociedad Colombo Alemana de Transportes Aéreos).Una ráfaga inesperada y violenta de viento lo ha sacado de la pista. Sobre la grama empieza a saltar por las sinuosidades del terreno.[3]

Gardel dice: "Che, pero esto parece un tranvía Lacroze". El cantor está sentado en el primer asiento, casi contiguo al piloto. Y éstas fueron sin duda sus últimas palabras.[4]

El aparato es arrastrado contra el avión trimotor *Manizales*, de SCADTA, que está listo para emprender vuelo con los motores ya prendidos. Chocan y se produce un formidable incendio. Perecen casi todos los viajeros y quedan ambos aparatos carbonizados. Tres personas, milagrosamente, logran escapar de esa trampa infernal: José María Aguilar, José Plaja, Grant Flynn.[5]

En ese campo de aviación, se produce un fenómeno "aerológico" que consiste en la aparición súbita de una corriente de aire, precedida de vientos débiles. Esta corriente se registra por lo general en horas de la tarde y dura unos minutos. Su dirección no es la misma que la de los vientos y su intensidad es muy superior. El informe elaborado posteriormente por las autoridades colombianas consigna:

"Ese día el fenómeno se presentó unos diez segundos antes de ocurrir el choque, con una intensidad 6-7 Beaufort y una dirección sudoeste." [6]

Cuando los bomberos logran extinguir las llamas, las autoridades judiciales proceden a realizar la dolorosa y difícil tarea de rescatar y reconocer los restos de las víctimas del dramático suceso. El cuerpo de Carlos Gardel se identifica sin mayores tropiezos. Se lo halla debajo de las válvulas de un motor, cuya masa, en parte lo ha protegido contra la acción directa del fuego. En su muñeca se encuentra una pulsera de oro con la inscripción: "Carlos Gardel, Jean Jaurès 735, Buenos Aires". Junto a él está su pasaporte semiquemado y varias libras esterlinas desprendidas del cinturón que usa para llevarlas. Otro detalle que confirma su identificación es la perfecta

---

[3] Fernández, Augusto, *Op. cit.*, pp. 95-96.
[4] Collier, Simón, *Op. cit.*, p. 301.
[5] Morena, Miguel Ángel, *Op. cit.*, p. 103-104.
   Fue el más grande accidente aéreo de la aviación colombiana hasta ese año y de los más importantes del mundo.
[6] Morena, Miguel Ángel, *Op. cit.*, p. 105.

conformación de su inconfundible dentadura. Todos piensan que murió en el acto, como consecuencia del choque.[7]

La vida de este extraordinario cantor ha debido troncharse de un solo golpe, en pleno triunfo, como la ha vivido.

El lunes 24 de junio es un día invernal en Buenos Aires, fresco, húmedo y triste. La noticia del accidente de Medellín se propaga rápidamente por la ciudad. La gente está desconcertada. Es como si se hubiese cortado la voz de la ciudad. En los teatros, los artistas interrumpen su actuación en escena para pedir al público un minuto de silencio; algunos suspenden el trabajo por un día. Libertad Lamarque no puede terminar de cantar *Cuesta Abajo* y su voz se quiebra cuando intenta decir: *"una lágrima asomada yo no pude contener..."*. [8]

Los comercios se cierran. La ciudad entera, enlutada por la triste noticia, queda sumida en un profundo silencio.

Berta Gardes recibe la noticia en Toulouse. Se entera al día siguiente, el martes 25 de junio. Pocos días antes de la desgracia habían comprado un receptor de radio. A Berta le gusta escuchar música durante las comidas. Ese día, a la hora del almuerzo, se dispone a sintonizar como de costumbre, pero nota que el aparato se ha descompuesto. Jean, Charlotte y su cuñada se muestran muy raros. No pronuncian una sola palabra, apenas si prueban bocado y rehuyen visiblemente su mirada. Están tristemente sentados a la mesa.

–¿Qué ocurre?– pregunta Berta

Jean la lleva aparte y le dice: "un accidente... el avión de Carlos en Colombia".

–No puede ser. Carlos me ha dicho más de cien veces que nunca subiría a un avión.[9]

Jean Gardes no ha escuchado directamente la noticia. Una vecina le informa a su cuñada. Jean va al centro de la ciudad y en la agencia noticiosa Havas busca más información. Los dos periódicos de Toulouse, *Le Midi y La Depèche*, publican la noticia al día siguiente.[10]

Berta siente que le han desgarrado el pecho de una puñalada, protesta ciegamente sacudida por los sollozos, con lágrimas rebeldes contra el capricho del destino. Clama a Dios, a ese Dios insondable

[7] Revista *Gente y la actualidad, Op. cit.*, p. 123.
[8] Revista *Gente y la actualidad, Op. cit.*, p. 134.
[9] Morena, Miguel Ángel, *Op. cit.*, p. 208.
[10] Morena, Miguel Ángel, *Op. cit.*, p. 208.

de la eternidad por su indiferencia frente al dolor que ella siente, por permitir cortar de esta forma los lazos del amor. Ella sabe que este mundo y esta clase de vida no es todo, que hay un alma y que hay un Dios y que puede haber una vida después de la muerte, pero ¿por qué no la llevó a ella primero?

Armando Defino se comunica telefónicamente con doña Berta. Ella le dice: "Carlos y yo queremos estar en Buenos Aires, ése es nuestro lugar"[11]. Defino va en su búsqueda. Cuando llega a Toulouse, se encuentra con la noticia de la muerte del tío Jean. El drama de Medellín lo impactó de tal manera que le falló el corazón. Berta quiere volver cuanto antes a Buenos Aires. Nada hay en Toulouse que la retenga.

Un buque, el *Campana,* trae a la madre de Carlitos de regreso a Buenos Aires, en Río de Janeiro se suma Adela de Defino[12]. Berta está aturdida, una desazón invade todo su ser. "Hijo mío, no puedo verte, no te veré nunca más, estoy como privada de mis sentidos, estoy conociendo lo más horrendo de este mundo: la nada." No lo vería nunca más, no lo oiría nunca más, se sentía en el vacío, se daba cuenta de que su hijo había sido alguien fuerte que la enraizaba a la tierra y a la vida. Por él trabajó y luchó y ese hijo tan querido le estaba devolviendo todo el esfuerzo. Y ahora esto... Ya nada le queda, sólo la sensación de estar al borde del abismo.

Al pasar por Montevideo, varias comisiones de homenaje se acercan a saludarla. Ella accede a hablar. Su aparición en la sala del barco es impresionante. Pequeña, enjuta, como aplastada bajo el signo de un gran tormento. Su paso es lento, vacilante... los ojos enrojecidos. Hay un silencio acongojado en el salón. Nadie habla.

–¿Cómo recibió usted la noticia?– le pregunta un periodista.

La anciana hace un esfuerzo y, en medio de su rictus de dolor, asoma una tenue sonrisa de simpatía hacia quien le dirige la palabra.

–Yo vivía en Toulouse con mi hermano Jean y mi cuñada. Al día siguiente del accidente nos enteramos... ¡Pensar que este viaje debía hacerlo dentro de un mes con Carlos!

La voz se le ahoga en la garganta. Los sollozos desbordan su pecho...

–¿Cuándo vio por última vez a Carlos?

---

[11] Defino, Armando, *Op. cit.,* p. 134-135.
[12] Morena, Miguel Ángel, *Op. cit.,* pp. 221-223.

–En septiembre del año pasado, cuando vino a verme a Toulouse.[13]

Y ya no puede hablar más, desconsolada se retira a su camarote. En el puerto de Buenos Aires, los actores y músicos argentinos eligen a Fernando Ochoa para que reciba a la madre del cantor. Berta no quiere ver a nadie, ya con lo de Montevideo tuvo suficiente. Una vez cumplidos los trámites de la Aduana y cuando el público se lo permite, Berta se retira a su casa de Jean Jaurés y encuentra consuelo en la compañía de sus amigos de toda la vida: Fortunato y Anais.[14]

Y deja hacer... se abandona... sabe que la muerte es un acto administrativo, el formulismo la ayuda a entender que su hijo ha muerto, que ya no está más en este tierra y empieza la dolorosa tarea de rescatar los lazos que aún viven en su interior.

El miércoles 5 de febrero de 1936, luego de trámites y más trámites, realizados por Defino, el ataúd llega a Buenos Aires. En el vapor *Panamerican,* ocho meses después de su muerte, llegan los restos de Carlos Gardel.[15]

"Con las alas plegadas también yo he de volver", cantaba Carlitos. Treinta mil personas reunidas frente a la Dársena Norte ven bajar el féretro del cantor cubierto de flores y sostenido por el cable de una grúa. "El día más triste del año", tituló un diario.

"Y un día las banderas de los barcos anclados
saludaron solemnes la vuelta de Gardel
las milongas pusieron silenciador al fueye
las palomas del puerto volaron sobre él.
"La muerte del cantor", de Raúl González Tuñón

La orquesta de Francisco Canaro junto a la de Roberto Firpo tocan una y otra vez, muy lentamente, el tango *Silencio*. En un momento, Roberto Maida entona sus estrofas.[16]

"Silencio en la noche, ya todo está en calma..."

Una lluvia de flores le es arrojada durante el trayecto hasta el *Luna Park*, lugar en que se velará a Gardel. La marcha es lenta, dificultosa, emocionada... El Cuerpo de Bomberos toca una música

---

13 Morena, Miguel Ángel, *Op. cit.*, p. 225.
14 Morena, Miguel Ángel, *Op. cit.*, pp. 220-221.
15 Morena, Miguel Ángel, *Op. cit.*, p. 225.
16 Morena, Miguel Ángel, *Op. cit.*, pp. 233-234.

fúnebre, los llantos, los brazos en ademanes de despedida, las mujeres que se tiran sobre el ataúd para llevarse alguna flor dan carácter inolvidable al sentido homenaje. "No hemos perdido a un cantor, sino a la canción misma", dice Claudio Martínez Paiva, de la Comisión Pro-Homenaje.

El jueves 6 de febrero, a las nueve de la mañana, parte el carruaje fúnebre tirado por ocho caballos, hacia el cementerio de la Chacarita. Es un típico día de febrero, de verano, de sol radiante. Hace mucho calor. Varios vehículos cargados de flores preceden al carruaje, escoltado a pie por sus amigos y por un contingente de la policía montada. Y gente, gente, gente por todos lados. Desde las veredas, las ventanas, los balcones, llueven flores al paso del cortejo. En algunas esquinas, pequeñas orquestas tocan tangos del repertorio de Gardel. La multitud los entona y también cantan el Himno Nacional Argentino. Cuando la procesión llega a la avenida Pueyrredón, la multitud se prolonga por más de diez cuadras y así el carruaje atraviesa el barrio del Morocho: la calle Jean Jaurés, el cafe *O'Rondeman*, el gran Mercado...

El cortejo llega a la Chacarita alrededor de las 13 horas. El ataúd es depositado en el Panteón Internacional de Artistas.[17]

Homero Manzi escribe:

"Entre un montón de hierros en escombros, en Medellín, una lejana ciudad de Colombia, se quemó para siempre el terciopelo con que Carlos Gardel envainaba el metal limpio de su voz. Y ésa, la muerte de su voz querida, fue su verdadera muerte. Así trágicamente desapareció el cantor, no de Buenos Aires, sino de la República del Tango.

...esa República del Tango cuyas montañas son las barrancas que se derrumban en las esquinas y cuyos ríos, las aguas sucias que circulan al margen de sus calles, y cuyos países turbios, como si vieran a través del alcohol, son las callecitas empolvadas de estrellas y adornadas por los faroles legendarios y las higueras que se asoman como sombras por encima de las tapias despintadas. Es que Carlos Gardel era un hijo de los arrabales...

...por eso en esta patria que tiene un pueblo sentimental como una novia, derecho como una daga y amigo como un poncho, a Gardel se lo consideraba un compañero más.

---

[17] Morena, Miguel Ángel, *Op. cit.*, p. 237.

...por eso su muerte repercutió en los hombres y en las cosas. Y por eso su ausencia se aposentó en el alma de los barrios. Por eso cuando se fue estuvieron más silenciosos los patios colorados de los conventillos. Por eso los bandoneones gimieron como nunca en los borbotones sentidos de los bajos. Por eso los naipes se fueron a baraja más misteriosamente, y por eso en el contraluz de los atardeceres de las barriadas ese día desfilaron las sombras de todos los machos desaparecidos bajo la ley del cuchillo.

... de todas las muchachas que gastaron su pulmón en la tragedia de la Singer y de todas las milonguitas que cayeron por la pendiente de la fatalidad al empujón de la miseria." [18]

El talentoso escultor Manuel De Llano realiza el mausoleo y la figura en bronce de Gardel, y la tarde del 6 de noviembre de 1937 se trasladan sus restos hacia su definitiva morada.[19]

Allí está su escultura, el cuerpo entero del inolvidable cantor, al que siempre algún visitante coloca un cigarrillo entre los dedos de su mano.

"Despertaba la calle tirada en la vereda
con los verdes pregones nacidos de la orilla
por la ochava rosada desparramó ginebras
al compadre ranero de pinta y contra pinta...

La madre era francesa: Doña Berta. Un misterio
que llegó hasta la esquina del Mercado de Abasto
Esperaba en las noches, tejiendo y destejiendo
un sueño largo y dulce que se llamaba Carlos...
¿De qué potrero antiguo llegaste, vos, tropero,
debajo de tu pelo, crecido en tu sonrisa...?
Desde aquel sur de Francia nos tiraron un tejo
que guardó en sus rayuelas la calle desprolija
–¿Quién te dio esa guitarra...? ¿Quién te prestó una copla...?
¿Dónde fue el primer día...? ¿Quién te enseñó esa magia...?

---

[18] Salas, Horacio, *Op. cit.*, pp. 129-130.
[19] Morena, Miguel Ángel, *Op. cit.*, p. 238; Defino, Armando, *Op. cit.*, p. 199.

Ya la antigua milonga de Bettinotti calla
Ya Gabino se esfuma tras su piel, y ha llegado
con canyengue de exámetro, la compadrada parda
de un grito que se planta con 'nueve': Mano a mano...

Ya se clavó tu nombre sobre el cielo del tiempo
y un duende legendario nos ahorró tu vejez
Como una estrella en llamas, tu presencia está ardiendo
quiebra un tango la noche de truco y almacén...
Te quemaron los dioses, caminante del viento,
y estás solo allá lejos, vencedor de la trampa
Te tutean los ángeles. Para verte, en silencio
se detiene la Muerte. Se hizo estrella la lágrima.
Palabras para Gardel, de Cátulo Castillo. [20]

---

[20] Revista *Gente y la actualidad, Op. cit.*, p. 1.

Términos del lunfardo

Abacanado: presuntuoso.
Afanar: robar.
Afilar: festejar, seducir.
Amurar: abandonar.
Araca: atención, cuidado.
Arrabal: suburbio.
Bacán: hombre de dinero, que vive entre el lujo y el placer.
Bagayo: mujer poco agraciada.
Batir: decir, delatar.
Berretín: capricho, ilusión.
Biaba: paliza.
Blandengue: blando. Alusión a una deficiente erección.
Bondi: colectivo.
Botón: vigilante.
Bronca: rabia, furia, ira.
Bulín: habitación, cuarto, aposento.
Burros: caballos de carrera.
Burreros: los aficionados a las carreras de caballos.
Cabrera: enojada.
Cafisho: gigoló, vividor.
Campanear: mirar.
Cana: cárcel, también policía.
Canario: cien pesos de esa época impresos en papel de color amarillo.
Canfinflero: el que vive de la mujer prostituta.
Canyengue: Baile con muchos cortes.
Capote: éxito.
Catrera: cama.
Coima: soborno.
Colarse: entrar a un espectáculo sin pagar.
Colimba: servicio militar obligatorio.
Cotorro: cuarto pobre.
Compadrito: fatuo, presumido.

Conventillo: casa de inquilinos de aspecto pobre con muchas habitaciones.

Copetudo: de buen nivel, lujoso.

Cuerpear: esquivar.

Chafe: portero.

Changa: trabajo de poca monta.

Chirolas: monedas.

Chorro: ladrón.

Embroca: mira fijo a una persona u objeto.

Embroncan: se enojan.

Encanar: apresar.

Encurdelo: emborracho.

Engrupir: engañar.

Espiantar: quitar.

Farra: juerga.

Fierrito: temor.

Fija: buen dato en una carrera de caballos.

Fueye: bandoneón.

Funyi: sombrero.

Gacho: sombrero.

Gaita: gallego.

Ganchera: barra ubicada a cierta altura sobre los mostradores, de la cual penden ganchos con mercaderías (carnes, fiambres, etc.).

Gavión: burlador que seduce a las mujeres.

Gil: tonto.

Grela: mujer de bajo ambiente. Sucia.

Griseta: muchacha obrera, modistilla.

Grupo: cuento, mentira.

Guita: dinero.

Irse a baraja: no apostar, retirarse en el juego. Quedarse callado, desaparecer.

Jailaife: *high life*, vida de alto nivel.

La cero: máquina de cortar el pelo para dejarlo al ras.

La Treinta y Tres: comisaría del barrio de Belgrano.

Lengue: pañuelo.

Macanudo: muy bueno.

Malandra: delincuente.

Malevo: peleador.

Mandé: largué.

Manguear: pedir dinero, "mangos".

Manyar: comer, darse cuenta, entender.
Mate: cabeza.
Matufia: embrollo con propósito de fraude.
Me dejaste en la palmera: me dejaste sin dinero.
Milonguita: mujer de la vida, prostituta.
Mina: muchacha.
Morlacos: pesos.
Mistonga: pobreza.
Naca: "cana" al revés, prisión.
Orto: culo.
Otario: tonto, cándido.
Paica: mujer.
Papusa: muy bonita.
Patota: pandilla.
Patotero: que integra la pandilla.
Peliagudo: peligroso.
Percanta: mujer, amante.
Peringundines: bailes, salones de barrio.
Pibe: niño, chiquillo.
Pilchas: ropa.
Pingo: caballo.
Pinta: tipo, apariencia.
Posta: magnífica.
Pucherete: puchero, cocido.
Punto: individuo.
Quilombo: prostíbulo, burdel.
Rantifuso: de bajo nivel, "pelagato".
Rebusques: medios de vida.
Rechiflao: loco, trastornado mental.
Retruque: contestar con una apuesta en el juego del Truco.
Timba: juego.
Tungos: caballos.
Turro: incapaz, inepto, necio.
Vento: dinero.
Viola: guitarra.
Yirar: girar.
Yoni: yanqui, inglés.
Yugar: trabajar.

Bibliografía

Esta lista no constituye una bibliografía completa sobre Carlos Gardel. Es solamente un listado de fuentes consultadas, a los efectos de precisar fechas y sucesos. También se analizaron grabaciones, videos, películas, páginas de Internet, diarios y revistas. Todos estos datos permitieron recrear su historia.

Aballe, Guadalupe Rosa, "La novia de Gardel", en *Todo es Historia,* N° 431, Buenos Aires, 2003.

Amallo, Carlos H., "El barrio", en *Crónicas Argentinas*, N° 66, Buenos Aires, Centro Editor de América Latina,1971.

Benedetti, Héctor Ángel, "1912. Las primeras grabaciones", en *Todo es Historia*, N° 431, Buenos Aires, 2003.

Benedetti, Héctor Ángel, *Las mejores Letras de Tango*, Buenos Aires, Seix Barral, 1998

Cadícamo, Enrique, *La historia del tango en París*, Buenos Aires, Corregidor, 1975.

Cámpora, Duilio José, *El primer maestro de canto*, en *Todo es Historia*, N° 431, Buenos Aires, 2003.

Canaro, Francisco, *Mis bodas de oro con el tango y mis memorias*, Buenos Aires, 1957.

Carretero, Andrés M., *El compadrito y el tango*, Buenos Aires, Ediciones Pampa y Cielo, 1964.

Casal, Horacio N., *Los años 30*, La Historia Popular, Buenos Aires, Centro Editor de América Latina, 1971.

Castillo, Cátulo, "Carlos Gardel: Perfume a hechicería", en *Buenos Aires, tango*, N° 5, Buenos Aires, 1971.

Cine nacional. Películas de Carlos Gardel.

Collier, Simón, *Biografía de Carlos Gardel*, Buenos Aires, Sudamericana, 1986.

Cortázar, Julio, "Gardel", en *Sur*, Buenos Aires, 1953.

Couselo, Jorge Miguel, y Chierico, Osiris, *Gardel. Mito-realidad*, Buenos Aires, A. Peña Lillo Editor, 1964.

http://www.cybertango.com/artistas/gardel/gardel.html. Sitio de Internet.

Defino, Armando, *Carlos Gardel. La verdad de una vida*, Buenos Aires, Compañía Fabril Editora S.A., 1968.

Dillon, Mario, "Mi madre y Buenos Aires" (reportaje), en *Revista Sintonía*, Buenos Aires, 1930. Internet.

Esteban, Juan Carlos, *Carlos Gardel. Encuadre histórico*, 2001.

Escardó, Florencio, *Geografía de Buenos Aires*, 1945.

Fernández, Augusto, *Carlos Gardel, para todos*, Buenos Aires, Ediciones Porteñas, 1996.

Ferrari Amores, Alfonso, *Mis recuerdos de Gardel*, 1978.

García Jimenez, Francisco, *Carlos Gardel y su época*, Buenos Aires, Corregidor, 1976.

Gobello, José, *Una relojeada al mito*, en *Buenos Aires, tango*, N° 5, Buenos Aires, 1971.

Iñigo Carrera, Héctor, *Los años 20*, La Historia Popular, N° 40, Buenos Aires, Centro Editor de América Latina, 1971.

Leguisamo, Ireneo, *De punta a punta. Sesenta años en el turf*, Buenos Aires, Emecé, 1986.

Masseroni, Luis, *Gardel, su vida, su época*, Buenos Aires, Talleres Micrográfica S.R.L., 1985.

Macaggi, José Luis, *Testimonios de Carlos Zinelli. Carlos Gardel: El resplandor y la sombra*, Buenos Aires, Corregidor, 1987.

Matamoro, Blas, *Carlos Gardel*, La Historia Popular, N° 24, Buenos Aires, Centro Editor de América Latina, 1971.

March, Raúl, *Gardel y la magia de su canto*, 1990.

Morena, Miguel Ángel, *Historia Artística de Carlos Gardel*, Buenos Aires, Corregidor, 1985.

Orgambide, Carlos, y Fernández Jurado, Guillermo, *Carlos Gardel: El alma que canta* (largometraje-documental), Buenos Aires, 1985.

Orgambide, Pedro, *Historias con tangos y corridos*, Buenos Aires, Editorial Abril,1984.

Orgambide, Pedro, *Memorias de un hombre de bien*, 1964.

Orgambide, Pedro, *Un tango para Gardel*, Buenos Aires, Sudamericana, 2003.

Ostuni, Ricardo, *El tango y la vida institucional del país*, Buenos Aires, 2002.

Ostuni, Ricardo, *"La última carta de Gardel"*, en *Club de Tango*, Buenos Aires, 1995.

Ostuni, Ricardo, *Viaje al corazón del tango*, Buenos Aires, Ediciones Lumière, 2000.

Ostuni, Ricardo, *La Repatriación de Gardel*, Buenos Aires, Ediciones Club de Tango, 1995.

Pujol, Sergio, *Valentino en Buenos Aires*, Los años veinte y el espectáculo, Buenos Aires, Emecé, 1994.

Pujol, Sergio, *Historia del baile. De la milonga a la Disco*, Buenos Aires, Emecé, 1999.

Revista *Club de Tango*, "Carlitos Gardel, lo que no dice la historia", Buenos Aires, 1994.

Radio Gardel. *Carlos Gardel: biografía*, 2000.

Revista *Galleries Review*, "Carlos Gardel, vida y obra".

Russo, Juan Angel, *Letras de Tango, con biografías y comentarios*, Buenos Aires, Editorial Basílico, 1999.

Salas, Horacio, *Manzi y su tiempo*, Buenos Aires, Ediciones B., 2001.

Salas, Horacio, *El tango*, Buenos Aires, Emecé, 2004.

Silva, Federico. *Informe sobre Gardel.* Editorial Alfa. Montevideo,1971

Taboada, Carlos, "Gardel, artista y empresario", en *Todo es Historia*, Nº 431, Buenos Aires, 2003.

Tiempo, César, *Así quería Gardel*, 1955.

Wittner, Pablo, "Biografía de Carlos Gardel", en *La Maga*.

Zamboni, Marcelo, *Gardel*, Buenos Aires, Perfil Libros, 1996.

Se terminó de imprimir en el mes de junio de 2005
en los Talleres Gráficos Nuevo Offset
Viel 1444, Capital Federal